중세 사람들은 어떻게 살았을까?
1400년대 프랑스를 여행하다

글 | 크리스틴 데그레즈 그림 | 장 브누아 에롱 옮김 | 류재화
펴낸이 | 김서영 펴낸곳 | 토마토하우스
등록 | 2005년 8월 4일 (제406-2005-000027호)
주소 | 413-756 경기도 파주시 교하읍 문발리 파주북시티 520-11
　　　www.sonyunhangil.co.kr
　　　sonyunhangil@hangilsa.co.kr
전화 | 031-955-2012 팩스 | 031-955-2089

Vivre au Moyen Âge
by Christine Desgrez

Copyright ⓒ Hachette Livre, 2004
Published by arrangement with Hachette Livre
All rights reserved.

Korean translation copyright ⓒ 2008 by Tomatohouse
Korean edition is published by arrangement with Hachette Livre
through Imprima Korea Agency.

이 책의 한국어판 저작권은 Imprima Korea Agency를 통해 Hachette Livre와 독점 계약한 토마토하우스에 있습니다.
저작권법에 의해 한국 내에서 보호를 받는 저작물이므로 무단전재와 무단복제를 금합니다.

1판 1쇄 펴낸날 2008년 5월 10일
1판 2쇄 펴낸날 2009년 6월 20일

ISBN 978-89-92089-46-3 74600
ISBN 978-89-92089-48-7 (전4권)

값 13,500원

CHANGPO design group 031-955-2080

• 잘못 만들어진 책은 구입하신 서점에서 바꿔드립니다.

• 이 도서의 국립중앙도서관 출판시도서목록(CIP)은
e-CIP 홈페이지(http://www.nl.go.kr/ecip)에서 이용하실 수 있습니다.
(CIP제어번호: CIP2008001347)

중세 사람들은 어떻게 살았을까?
1400년대 프랑스를 여행하다

크리스틴 데그레즈 글 | 장 브누아 에롱 그림 | 류재화 옮김

4-5 : 백년 전쟁의 시작
갈등의 기원 • 잠정적 평화 • 샤를 6세의 고생

6-7 : 영국인들이 점령한 프랑스
필립 르 아르디 대 루이 도를레앙 • 다시 쳐들어온 영국인 • 누가 왕이냐?

8-9 : 샤를 6세의 대관식
성스러운 도시 • 성유병의 전설 • 기사 왕 • 왕권 상징물

10-11 : 농민들의 생활
작은 움막집 • 수프와 빵 • 농가 월령가 • 적은 수확량

12-13 : 파리 생활
도시가 커지다 • 라틴 구역 • 활기찬 상업 • 막강한 장인 조합

14-15 : 궁전
답답한 왕궁은 싫어! • 광대한 뱅센 성 • 생 폴 관저 • 루브르 궁의 변화 • 대영주들의 저택

16-17 : 궁궐 여인들의 방
전원풍 장식 • 잠자는 공간 • 낮 생활

18-19 : 태피스트리 열풍
북유럽에서 온 예술 • 각광 받는 수집품 • 천연 원료의 색실 • 천 짜기

20-21 : 대연회
연회 준비 • 음주가무를 즐겨라! • 자, 모두 식탁으로!

22-23 : 명성이 자자했던 금세공술
왕실 보물고 • 정교한 기술 • 에나멜 유약 바르기 • 형태 뜨기 • 진주와 보석

24-25 : 왕실 의상
인기 있던 스타일 • 여성들의 의상 • 보석과 장신구 • 남성들의 의상

26-27 : 오락도 과격하게!
기사들끼리 맞붙다 • 오락 • 사냥 경기

28-29 : 사랑의 음악
서정시 • 사랑의 궁전 • 왕자이자 예술가 • 궁정 무도회

30-31 : 귀한 책들
왕실 박물관 • 책 만드는 사람들 • 역사 편찬 • 참여 작가들

32-33 : 아비뇽의 교황
최고의 우두머리인 교황 • 교황들의 새 도시 아비뇽 • 도시의 변모 • 서구의 대분열

34-35 : 거룩한 신앙심
매일 매일이 기도 • 예수의 수난을 기리며 • 성유물 • 순례를 떠나다

36-37 : 예술의 변화
예술 애호가인 왕자들 • 수집품의 운명 • 권력을 위한 예술

38-39 : 왕자들의 후원 경쟁
장 드 베리의 예술적 야심 • 수집광의 보물고 • 부르고뉴의 성당 건축 • 디종의 영광의 시간

40-41 : 회화, 새롭게 눈을 뜨다
시선과 기술의 변화 • 색과 입체감 • 공간을 어떻게 표현할 것인가 • 원근법과 풍경화의 탄생

42-43 : 인간에서 한 개인으로
자신의 자리를 찾은 인간 • 감정을 살려 • 있는 그대로의 모습으로 • 나를 기억하라

44-45 : 삶과 죽음
어디에나 죽음이, 누구에게나 죽음이 • 어떤 관을? • 천국이냐 지옥이냐 • 죽음의 표현

46-47 : 발루아 왕조

48-49 : 그림 및 사진 설명

백년 전쟁의 시작

1328년 샤를 4세가 죽자 프랑스는 끝도 없는 전쟁의 수렁 속에 빠진다. 60년 후 새로운 왕이 된 젊은 샤를 6세는, 샤를 5세와 영국의 에드워드 3세가 죽고 나서야 비로소 찾아온 양국의 평화를 지키려고 애쓴다. 하지만 갑작스러운 그의 발작으로 새로운 갈등이 시작된다.

활대와 강철로 만든 활은 매우 정밀하게 만들어졌다. 요새전에서 대포가 사용되기는 했지만 하루에 10~20회 정도만 발사할 수 있는 수준이었다. 대신 돌 탄환이 확실한 괴력을 보여주었다.

1368년 12월 3일 파리, 샤를 5세의 아내 잔 드 부르봉 왕비는 아들을 낳는다. 이 아이가 1380년~1422년 동안 프랑스를 통치할 미래의 샤를 6세다.

기옌

프랑스 남서부의 피레네 산맥 북쪽 아키텐 분지를 포함하는 지방의 옛 이름.

갈등의 기원

1328년 샤를 4세(필립 4세의 아들)가 후계자 없이 죽자, 위그 카페의 직계 후손인 카페 왕조는 사라질 위기에 처했다. 샤를 4세의 조카인 영국의 에드워드 3세는 후계자로 인정되지 못하고, 결국 필립 4세의 사촌인 발루아 백작이 필립 6세로 왕위에 올랐다. 프랑스 백작들이 여자 혈통 쪽의 왕위 계승은 불가능하다는 옛날 법을 주장했기 때문이다. 에드워드 3세는 자신에게 흐르고 있는 프랑스 피를 생각하며 프랑스 땅을 소유할 그날을 위해 당분간은 새로운 왕에게 경의를 표했다. 그런데 새 왕이 1337년 기옌에 있는 자신의 땅을 빼앗자 프랑스 왕관을 내놓으라며 필립 6세에게 전쟁을 선포한다.

샤를 6세의 고생

샤를 5세가 1380년에 죽자 아들 샤를 6세는 에드워드 3세의 후계자인 리차드 2세와 평화를 유지하기 위해 애쓴다. 12세의 어린 나이에 즉위한 이 젊은 왕은 샤를 5세를 보필하던 궁중 고문관의 도움을 받아 아버지에게 물려받은 일을 계속 진행한다. 그런데 1392년 8월 샤를 6세는 만스 숲에서 첫번째 발작을 일으킨다. 그 후에도 여러 번 발작이 재발했는데, 다소 나아지는 기미를 보이다가도 다시 또 일어났다. 이런 상황에서 프랑스를 통치한다는 것은 힘든 일이었다. 왕권이 부재하는 동안 삼촌들인 장 드 베리와 필립 르 아르디, 동생인 루이 도를레앙 등이 권력을 갖고 서로 다툰다.

베르트랑 뒤 게클랭은 1380년에 죽는다. 샤를 5세는 프랑스 왕국을 위해 목숨을 바친 이 영웅을 생 드니 수도원 안에 있는 프랑스 왕들의 곁에 묻기로 한다.

잠정적 평화

영국은 새로운 무기인 장궁(긴 활) 덕분에 1346년 크레시 전투에서 대승을 거두고, 프랑스 기마 부대는 섬멸당한다. 프랑스군도 무기 개선에 박차를 가한다. 하지만 프랑스의 새로운 왕 장 르 봉이 1356년 푸아티에에서 영국군의 포로가 되고, 그의 장남인 샤를은 1360년 굴욕적인 브레티니 협약에 서명할 수밖에 없게 된다. 에드워드 3세는 프랑스 왕위를 요구하는 대신 프랑스 왕국의 4분의 1에 달하는 영토를 요구한다. 영국군은 기마 행군을 계속하며 프랑스 농촌을 유린하고 약탈한다. 왕이 된 샤를 5세는 도시 요새 구축에 힘을 쏟았고, 무거운 세금을 부과하여 마련한 돈으로 최상의 군대를 창설한다. 그리고 총사령관에 베르트랑 뒤 게클랭을 임명하고, 빼앗긴 영토를 되찾아줄 것을 부탁한다.

새 부리 모양의 투구. 1380년~1420년.

영국인들이 점령한 프랑스

샤를 6세의 친척들이 분열을 일삼으며 왕권을 다투는 동안 영국은 프랑스를 좌지우지한다.
그러나 곧 잔 다르크와 샤를 7세가 나타나 영국인들을 프랑스 밖으로 몰아낸다.

부르고뉴인들과의 싸움에서 아르마냑인들은 옷에 납으로 된 작은 고래 배지를 달았다. 부르고뉴인들은 성 안드레 십자가 배지를 달았다.

대공 영지
왕족 혈통들에게 주는 왕실 소유의 땅.

겁 없는 장
'부르고뉴의 장' 공작은 용감하고 잔인하기까지 해서 '겁 없는 자'(sans peur)라는 별명으로 유명했다.

필립 르 아르디 대 루이 도를레앙

필립 르 아르디는 아버지인 장 르 봉 선왕으로부터 부르고뉴 대공 영지를 받았다. 정략 결혼으로 플랑드르의 제후가 된 필립 르 아르디는 자신의 경제적 부를 강화할 목적으로 영국과의 평화를 도모했다. 조카이자 샤를 6세의 동생인 루이 도를레앙은 투렌과 발루아령만 소유하고 있었다. 그는 전쟁이 재개되기를 바랐지만, 그럴 명분이 없었다. 두 사람은 끊임없이 대립했다. 필립 르 아르디의 장남 '겁 없는 장'은 1407년 정말 겁 없이 루이 도를레앙을 암살하기에 이른다.

1429년 9월 잔 다르크는 파리를 구하는 데 실패했다. 그리고 1430년 5월 영국군에게 붙잡혀 이듬해 화형당했다.

1445년~1450년 장 푸케가 그린 이 초상화 덕분에 백년 전쟁을 종결시킨 프랑스 왕 샤를 7세의 얼굴을 짐작할 수 있다.

다시 쳐들어온 영국인

베르나르 다르마냑은 부르고뉴 공작의 무리들과 대적할 겸 샤를 6세의 아들인 태자 무리들의 우두머리가 된다. 내란이 터지자 파리는 어마어마한 살육장으로 변하고, 1419년 이번에는 '겁 없는 장'이 암살당한다. 상황이 악화되자 영국의 새 왕이 된 헨리 5세는 프랑스를 적국으로 선포한다. 영국군은 1415년 프랑스군을 아쟁쿠르에서 무찌른다. 샤를 6세는 1420년 굴욕의 트루아 조약을 맺는다. 조약에 따라 샤를 6세는 딸을 헨리 5세한테 시집 보내고, 헨리 5세를 프랑스의 왕위 상속자로 인정해야 했다. 또 왕권과 왕위 계승권도 박탈당했다. 파리는 16년 동안 영국의 지배를 받는다. 1422년 헨리 5세가 죽었을 때, 아들 헨리 6세는 겨우 8개월 된 아기였다. 그래서 삼촌인 베드포르 공작이 영국과 프랑스를 대신 통치했다.

태자

1349년부터 태자 자리는 왕의 장남에게 돌아갔다. 당시 태자는 '빈의 태자'라는 칭호를 달고 있었다. 태자를 정하는 이런 관습은 왕가의 정통성을 보장해주었다.

들고 다니는 작은 대포. 꼬리를 단 것처럼 뒤쪽으로 더 연장시켰다. 대포를 어깨 위에 올려 놓고 발사했다. 보조는 옆에서 탄약 가루에 불을 붙였다.

누가 왕이냐?

샤를 6세의 아들은 굴욕적인 조약을 못 참고, 파리에서 도망친다. 1422년 아버지 샤를 6세가 죽자 그는 스스로를 왕이라 선포하고, 샤를 7세라는 왕명을 단다. 그러니까 프랑스에 두 명의 왕이 있게 된 것이다. 하지만 둘 다 정식으로 추대된 것은 아니었다. 루아르 강 남쪽인 부르주, 시농, 그리고 랑그도크 지방은 샤를 7세를 지지했고, 영국인들이 포위하고 있는 북쪽 도시 오를레앙 역시 샤를 7세를 지지했다. 1429년 잔 다르크가 소규모 부대를 이끌고 오를레앙에 진군하자 영국군들은 요새를 걷어내고 도망친다. 두 달 후 샤를 7세는 랭스에서 대관식을 치르나, 왕국 전체를 재정복하기까지는 그 후로도 20년이 더 걸렸다. 부르고뉴의 새 공작이 된 필립 르 봉은 1435년 샤를 7세와 화해한다. 1450년 포르미니 승리, 1453년 카스티용 승리로 노르망디 지방을 탈환하고, 이어 기옌까지 샤를 7세에게 돌아온다.

이 어린이 갑옷은 미래의 샤를 6세가 될 태자의 갑옷으로 추정된다.

샤를 6세의 대관식

프랑스 왕의 통치는 대관식과 함께 시작되었다. 왕이 신과 같은 권력을 쥐게 되었음을 상기시키는 의식으로, 정치적 권력이 종교적으로도 숭배되는 것이다.

성스러운 도시

1380년 11월 4일 아침, 도시 랭스는 환희에 차 있다. 젊은 샤를 6세가 마침내 다른 프랑스 선왕들처럼 성당에서 왕관을 쓰고 왕위에 오르는 대관식을 치르는 날이기 때문이다. 현왕으로 추앙받았던 샤를 5세가 두 달 전쯤 죽었다. 이제 겨우 열두 살밖에 안 된 어린 왕 샤를 6세는 미사를 드리러 저녁에 성당에 들렀다. 그리고 긴 대관식 예행 연습도 해야 한다. '레갈리아'라는 즉위식 때 쓰는 왕권을 표상하는 각종 신물들이 이미 생 드니 성당으로 옮겨졌다. 대관식이 진행되는 동안 내내 사제가 이 신물들을 옆에서 지키고 서 있을 것이다.

성유병의 전설

496년 성탄절에 클로비스 왕이 성 레미의 세례를 받은 것도 바로 이 랭스라는 도시다. 전설에 따르면 성유물 및 성유 등을 가져오는 일을 맡은 부사제는 이상하게도 사람들을 헤치고 앞으로 나올 수 없었다. 그런데 그때 하늘에서 내려온 비둘기 한 마리가 성유가 들어 있는 작은 병을 부리에 물어 성 레미에게 가져다주었다고 한다. 그래서 이 병을 '성유병'이라 부르게 되었고, 랭스에 소중히 모셔졌다. 약간의 기름에 크림이 섞인 연고 같은 이 성유는 도유식 때 사용되었다. 다시 말해 프랑스 왕이 주님의 성유 부음을 받았다는 뜻이다.

이 왕홀은 샤를 5세가 죽기 얼마 전 아들의 대관식을 위해 준비한 것이다. 백합에 앉아 있는 성왕은 샤를마뉴 대제이고, 원형 통의 부조는 성 자크가 샤를마뉴 대제 앞에 나타나 이슬람 교도의 손아귀로부터 스페인을 구하라는 명령을 내리는 내용을 담고 있다.

도유식
병을 낫게 하고 신성한 힘을 불어 넣는다는 뜻으로 종교에서 기름을 바르는 의식.

왕의 징표물이 전달되고 난 후 주교와 왕실의 중신들은 왕관을 받들고 샤를 6세를 옥좌까지 안내한다. 그러고 나면 사람들은 환호한다.

왕권 상징물

주교가 자기 앞에 무릎을 꿇고 있는 샤를 6세한테 다가간다. 주교는 머리 위, 가슴, 등, 양 어깨, 양 팔꿈치 등 일곱 군데에 십자가 성호를 그으며 성유를 왕에게 발라 준다. 왕은 황금 백합이 수 놓인 푸른색 비단 망토를 걸치고 있다. 마침내 왕권을 상징하는 징표물이 수여된다. 오른손에는 왕홀을, 왼손에는 정의의 손을, 머리 위에는 보석 박힌 황금관을. 그리고 샤를 6세는 높은 연단 위 옥좌까지 안내된다. 사람들은 "폐왕 만세"를 외치며 환호한다. 이제 아무도 그의 적법성을 문제 삼을 수 없다.

12세기 쓰던 말의 박차. 박차는 말을 탈 때 신는 구두 뒤축에 달린 물건이다. 여러 번 수리해 사용하다가 필립 아우구스트 대관식 이후로는 한 번도 사용하지 않고 보관해 두었다.

기사 왕

대절차와 의식에 따라 신하들과 성직단의 주요 인사들이 어린 샤를 왕을 성당으로 모셔간다. 왕은 긴 통 블라우스를 몸에 끼워 입은 다음, 품이 넓고 헐헐한 비단 망토를 몸에 두른다. 등은 완전히 덮고 어깨와 가슴 위쪽에서 내려오게 망토를 걸친다. 먼저 복음서 위에서 백성을 위해 헌신하겠다는 기도를 올린다. 이어 기사를 징표하는 신물들의 전달식이 있다. 샤를마뉴 대제의 신품이었다는, 황금 박차와 환희의 검이다. 샤를 6세는 엄숙하게 이 검을 군 총사령관에게 맡긴다. 총사령관은 의식이 끝나는 순간까지 하늘을 향해 이 검을 치켜들고 서 있다.

샤를마뉴 대제의 것이라고 전해지는 이 검은 아마 1179년 필립 아우구스트 대관식을 위해 만들어졌을 것이다.

농민들의 생활

자영민들과 그 가족들은 영주한테 빌린 땅, 즉 봉토에 정착해 살았다.
전쟁의 위협이 항상 도사리고 있어 언제든 성으로 피신할 준비를 하고 있어야 했다.

작은 움막집

농민들은 돌과 나무로 기초를 세우고, 지붕 위에 마른 풀을 얹은 초가 움막집에서 살았다. 보통 집들은 달랑 한 칸이었다. 집 안을 밝혀주고 따뜻하게 해주는 벽난로 옆에 붙어서 추운 겨울을 보냈다. 짚을 넣어 만든 큰 바닥 깔개가 침대 역할을 했다.

냄새는 나지만, 가축들에서 나는 열기가 방에 조금이라도 온기를 주도록 집 외벽 바로 옆에 축사를 만들었다.

포도 짜기.

15세기 초 미세 삽화가들인 램부르 형제가 그린 『베리 공작의 기도서』에 그려진 달력 삽화들. 달의 변화를 통해 중세 시대 농민들의 생활이 어떠했는지를 짐작할 수 있다. 추운 겨울, 사람들이 굴뚝 난로 앞에서 불을 쬐고 있다.

농가 월령가

화창한 날들이 돌아오면 농민들은 다시 밭을 갈고 씨 뿌리기를 준비한다. 양털 깎는 시기도 온다. 양치기들은 양떼들을 몰고 강으로 나가 잘 씻긴 다음 굵고 커다란 스프링 가위로 양털을 깎는다. 6월이나 7월이면 풀들이 많이 자라 있어, 꼴을 만들기 좋다. 풀을 베어 햇볕에 잘 말린 다음 곳간에 잘 쌓는다. 이 꼴들이면 겨울 내내 가축들을 충분히 먹일 수 있다.

9월은 포도 수확철이다. 포도 수확은 고된 노동이지만 흥겨운 대축제이기도 하다. 딴 포도들은 큰 나무통에 담는다. 여자들과 남자들은 발을 벗고 통에 들어가 춤을 추듯 포도들을 짓이긴다. 힘든 일이지만 즐기며 하는 것이다. 이렇게 짜인 포도즙은 몇 달 후면 아주 좋은 포도주를 선사할 것이다.

중세 미술에는 계절 풍경이 농민들의 활동을 통해 잘 표현되어 있다. 겨울에는 돼지를 잡고 봄에는 양의 털을 깎는다. 가을에는 씨앗을 뿌리고 여름에는 밀을 타작한다.

뚜쌩절
만성절. 할로윈 데이. 모든 성인을 축일하는 날. 11월 1일.

마르디 그라
'살찐 화요일'이라는 뜻. 수요일부터 시작되는 사순절의 전날. 기독교인들은 사순절 기간에는 고기를 먹지 않았다. 그래서 바로 전날 '고기와의 이별'을 위해 실컷 먹었다. 카니발 축제의 마지막 날로, 보통 2월의 어느 화요일이다.

수프와 빵

빵이 주식이었다. 영주의 화덕에서 구워진 빵은 겨와 밀이 섞인 투박한 갈색 빵이었다. 귀족들은 별로 안 좋아하는 질 낮은 빵이었다. 매일 야채 수프를 끓여 먹었는데, 주로 배추를 넣고 끓였다. 화로 안에 솥을 걸고 하루 종일 오래 끓였다. 고기는 자주 먹지 못했다. 이따금 비계살로 영양을 보충하곤 했다. 돼지고기는 영양가가 높았다. 영주의 숲에서 가을 내내 도토리를 잔뜩 먹여 살을 찌운 돼지는 뚜쌩절과 마르디 그라에 도살되었다. 이 시기에는 파리들이 별로 없어 소시지를 말리기에 최상이었다. 소금에 잘 절여 말린 소시지는 최상의 품질을 자랑했다.

꼴
말이나 소 등에게 먹이는 마른 풀.

휴한지
2년 동안 농사를 짓지 않고 내버려둔 밭.

청동 솥. 솥에서 하루 종일 수프가 끓었다.

적은 수확량

밭이 다 경작된 것은 아니다. 3분의 1은 휴한지였다. 도리깨로 타작된 밀들을 마을 넓은 마당에 모아 놓고 이삭들을 패가며 낟알을 거둬들인다. 일부분은 다음 씨 뿌리기를 위해 보관하고, 또 일부분은 풍차간으로 가져와 가루로 빻는다. 그런데 전쟁이 언제 터질지 몰랐기 때문에 농민들은 최소한의 씨만 뿌렸다. 첫 경계 경보가 나면 바로 성이나 수도원, 마을 요새 등 안전한 곳으로 피신해야 했다. 농사를 제대로 보살필 수 없었다. 그러니 수확은 별볼일 없었다. 게다가 기후의 영향이 컸다. 흉년이 자주 왔고 농토는 피폐해졌다.

파리 생활

13세기, 도시는 비약적으로 발전했다. 도시는 경제적 부가 모이는 곳이었고, 많은 지식인들이 모여 사는 곳이기도 했다. 새로 지은 성곽과 요새들이 도시를 보호해주었다.

1400년 무렵 파리 대학에는 4천 명 가량의 학생과 선생이 있었다. 왕은 정치적, 종교적 문제들을 해결하기 위해 이들을 정기적으로 만나 의견을 들었다.

도시가 커지다

샤를 5세는 파리 시내를 둘러싸면서 성 외곽 마을들도 보호하기 위한 더 큰 새로운 성벽들을 쌓았다. 남자들과 장사꾼들은 도시 외곽문에서 통제를 받았다. 밤에는 성문을 닫았고 무거운 사슬들이 센 강가에 내려졌다. 특별히 중요했던 외곽문들을 살펴 보면 북쪽의 생 드니 문. 이 문을 나서면 같은 이름의 생 드니 수도원이 나왔다. 동쪽의 바스티유 문. 이 문은 중요한 요새지였다. 도시 반란이 일어날 경우 아주 유용한 주둔지가 될 수 있었다. 왕은 이곳에 은신처를 마련해 거점으로 삼고 기회를 틈타 뱅센 성문 쪽으로 달아날 수 있었다.

라틴 구역

센 강의 왼쪽은 문예가들이 거의 점령하다시피 했다. 이 구역을 라틴 가라 불렀다. 파리 대학에서 수업을 받으려고 먼 외국에서도 학생들이 몰려들었다. 학위를 따면 교회권이나 군주권을 위해 일할 수 있는 직업을 얻을 수 있었다. 밝은 미래가 보장되는 직업이었다. 대학에서는 법학이나 의학, 신학, 7대 자유예술학(문법학, 수사학/웅변술, 변증학/토론술, 산술학, 음악, 지리학, 천문학) 등을 가르쳤다. 학생들의 하숙집은 너무 비쌌다. 돈이 없는 학생들은 보통 종교 단체들이 운영하는 기숙사에서 생활했다. 기숙사의 생활과 규율은 대단히 엄했다.

천을 파는 상인이 손님에게 다양한 천을 보여주고 있다. 어떤 천은 외국에서 수입해온 것으로 아주 비쌌다.

막강한 장인 조합

동업자들은 같은 '직업' 아래 뭉쳤다. 장인들, 동료들, 견습생들은 서로 지켜야 할 작업 범위를 정하고 상부상조를 위한 조합을 조직했다. 조합은 서로의 결속을 다졌다. 각 직업마다 자기 재판 관할과 수호 성인이 있었다. 성 엘로이는 세공업자들의 수호 성인이고, 성 루카는 화가들과 조각가들의 수호 성인이었다. 장인들의 공방은 거리로 나 있어서 정직하게 작업해야 했으니 나름대로 통제를 받는 셈이었다.

시장은 아주 활기가 있었다. 장인들은 자기가 만든 물건들을 보여주며 손님들과 흥정을 했다. 시골에서 올라온 농부들은 장인들 옆에서 가축들을 팔았다.

활기찬 상업

센 강의 오른쪽은 장인들과 상인들의 터전이었다. 이들은 여러 면에서 실권을 가지고 있었다. 어떤 장인들이나 상인들은 왕이나 궁정에 생활 필수품이나 고기, 향료, 포도주, 비단, 태피스트리, 금은세공품 등 사치 호화품을 납품하며 위세를 떨쳤다. 장인, 상인단들은 왕실 권력으로부터 자신들을 보호하기 위해 자체 재판단을 선출하기도 했다.

왕실 장례 행렬단이 파리를 나가기 위해 생 드니 문을 통과하고 있다. 이 문을 나가면 장례지인 생 드니 수도원이 나온다.

궁전

샤를 6세는 파리에 아버지가 이미 개조해 놓은 여러 개의 궁을 소유하고 있었다.
대도시 파리답게 장엄한 왕들의 궁 또한 아주 볼 만했다.

답답한 왕궁은 싫어!

시테 섬 한가운데 있는 왕궁은 권력을 상징했다. 왕실 행정부와 의회가 그곳에 있어, 이곳에서는 항상 중요한 행사들이 있었다. 그러나 샤를 6세는 일거리 많은 답답한 궁정보다는 아버지가 장엄하게 개조한 훨씬 더 광대한 다른 세 궁에서 살고 싶어했다.

뱅센의 종탑은 1361년 ~1369년 동안 건축되었다. 높이 40미터의 새 탑들이 사각 둘레 성벽 위에 줄지어 나란히 세워졌다. 이 안에 대저택들이 하나 둘씩 들어섰다.

해자
성곽 주변에 깊은 도랑을 파고 물을 채워 외부의 적들이 쉽게 성 안으로 들어오지 못하게 한 경계.

광대한 뱅센 성

뱅센 성은 파리에서 말을 타고 반나절쯤 가면 나왔다. 필립 6세, 장 르 봉에 이어 샤를 5세에 걸쳐 완성되었다. 긴 성벽들이 직사각형을 이루며 궁을 에워싸고 있고, 해자들까지 파 놓은 하나의 작은 요새 도시라 할 만했다. 왕실 처소들은 성탑 안에 있었다. 아버지가 하던 방식을 따라 샤를 6세는 시테 궁의 소성당 같은 소성당을 이곳에도 만들었다. 건물 외벽에는 창문들이 높이 치솟아 뚫려 있고, 레이스를 만 것 같은 돌 장식이 아름드리 새겨져 있다. 이 길고 긴 공사는 그의 치세 동안에도 끝나지 않았다.

1413년~1416년 랭부르 형제들이 베리 공작을 위해 그린 미세화 덕분에 당시 루브르 궁의 정확한 모습을 알 수 있게 되었다.

관저

왕실 혹은 대영주들의 저택. 관저는 안뜰과 정원 사이에 위치해 있고, 시가지 쪽으로는 문을 닫아 놓았다. 회랑들로 연결된 여러 방들이 있었다.

생 폴 관저

생 폴 관저는 샤를 6세가 가장 좋아하는 곳이었다. 그곳에선 즐거운 축제가 벌어졌다. 이 궁은 센 강 바로 북쪽 강변의 바스티유 옆에 있었다. 천장이 덮인 회랑들이 죽 연결되어 있었고 왕, 왕비, 왕자, 공주들한테는 각자 별도의 처소가 있었다. 정원은 전 유럽에서 가장 유명하다 할 정도였다. 동물원까지 있었다. 동물원의 사자들은 방문객들을 즐겁게 해주었다.

루브르 궁의 변화

센 강 북쪽 강변의 서쪽에 위치해 있는 루브르궁은 필립 아우구스트가 처음 세울 때만 해도 도시 성벽 바깥에 있었다. 방어적 이점이 별로 없었던 이 성은 샤를 5세가 더 외곽 쪽으로 새로 성벽을 세움으로써 도시 성벽 안에 포함되었다. 왕은 루브르를 개조하기로 했다. 14세기 말 루브르 궁 건물 외벽에 여러 개의 창문이 뚫리고, 높고 뾰족한 굴뚝 지붕들이 올라갔다. 궁정 사람들은 나무 줄기들을 격자 무늬로 얽어 만든 작은 정자들과 과수원, 화단들이 있는 왕실 정원을 행복하게 산책하곤 했다.

1409년~1411년 '겁 없는' 장은 높은 탑을 쌓아 자신의 관저를 보호했다. 나선형 계단 천장에는 나무 이파리 모양들이 새겨져 있다.

대영주들의 저택

왕을 옆에서 보필해야 하는 왕자들(왕의 형제들)은 그들의 서열에 합당한 저택을 파리에 지을 수 있었다. 베리 공작은 센 강 왼쪽에 네슬레 관저를 갖고 있었고, 부르고뉴 공작의 관저와 루이 도를레앙 소유의 보헴 관저는 루브르 궁에서 멀지 않은 곳에 있었다.

궁궐 여인들의 방

궁실 규방에는 장식물들이 많았다. 반면 가구들은 그리 다양하지 않았다.
규방은 침실로 쓰이기도 하고, 방문객들을 맞고 담소를 나누는 사교의 공간으로 쓰이기도 했다.

전원풍 장식

어떤 방 천장에는 '아일랜드 나무' 판들이 대어져 있었다. 벽에 그려진 프레스코화들은 전원풍 도안이 많았다. 또한 진귀한 태피스트리들을 벽에 걸어 장식을 하기도 하고 방의 공기를 따뜻하게 만들기도 했다. 바닥에는 사각 타일들이 깔려 있었는데, 타일은 구운 흙 소재로 다양한 그림들이 그려져 있고 유약을 발라 반들반들 빛났다. 온갖 꽃들과 신선한 향기가 나는 풀들이 바닥에 깔려 있었고, 등나무 줄기로 얼개를 짠 바닥 깔개가 놓여 있었다. 이쪽 저쪽에 몇몇 가구들이 보인다. 장롱이며, 그 방 주인이 누군지 알 수 있게 해주는 상징적 소품들도 보인다.

잠자는 공간

침대는 아주 웅장했다. 보통 너무 춥지 않도록 굴뚝 난로 가까이에 단 하나를 놓고 그 위에 침대를 놓았다. 침대 덮개가 천장에 매달린 줄에 연결되어 위에서부터 침대를 감싸고 있고, 무거운 커튼들이 다시 침대를 에워싸고 있었다. 외부와 차단을 시키고 바깥의 차가운 공기도 못 들어오게 하기 위해서였다. 침대는 길이도 길지만 폭이 아주 넓어 시종들은 매트리스 위에 침대 천을 깔 때 긴 나무 막대기를 이용해야 했다. 침대 이불들은 두터운 모피로 이중으로 대어져 있었다. 베개가 하도 높아 잘 때는 거의 앉아 자는 자세로 잤다. 잘 때는 잠자리 모자를 썼다. 일단 침대에 들어가면 블라우스를 벗어 긴 베개 밑에다 넣어 두었다. 일어났을 때 춥지 않도록 훨씬 더 따뜻한 잠옷 드레스를 손이 바로 닿는 옷상자에다 넣어 두었다.

밀랍으로 만든 양초를 청동 촛대 위에 꽂아 불을 밝혔다.

흙판에 그림을 그려 유약을 바르고 구워낸 사각 타일들이 바닥에 깔려 있었다.

왕비 이자보 드 바비에르가 귀부인들을 자기 방에 초대해 담소를 나누고 있다. 태피스트리, 침대보, 커튼, 쿠션 등에 가문 문장 도안들이 새겨져 있다. 바비에르 가문을 상징하는 마름모 무늬와 프랑스 왕을 상징하는 백합이 청푸른색 천 위에 새겨져 있다.

함은 수납을 위해 각 방마다 놓인 주요한 가구였다.

안락 의자
높은 등받이가 달린 크고 화려한 의자. 보통 그 방의 주인이나 귀빈한테 내주는 고급 의자다.

낮 생활

방은 생활 공간이기도 했다. 왕비는 여기서 다른 귀족 부인들과 함께 독서를 하거나 자수를 놓거나 음악을 연주하며 하루를 보내곤 했다. 여자들은 작은 둥근 의자나 쿠션이 깔린 나무 궤짝 같은 데 앉았다. 이 궤짝 안에는 옷들과 천들, 귀금속 등이 들어 있었고, 무거운 금속 자물쇠가 달려 있었다. 왕은 방문객들을 휴식 침대에 누워서 맞거나 침대 머리맡에 놓인 안락 의자에 앉아 맞았다.

태피스트리 열풍

왕과 대공, 주교 같은 고관들은 아주 값비싼 태피스트리들을 수집했다.
최고의 화가들이 도안을 해주면 파리나 아라스 같은 도시의 직조공들이 짰다.

1377년에서 1378년 사이에 루이 당주를 위해 파리에서 만들어진 130미터 길이의 이 태피스트리는 요한 계시록의 장면들을 담고 있다. 밑그림 도안은 파리의 화가 장 드 브뤼즈가 그렸다.

일반인들이 집안 장식용으로 가장 즐겨 찾던 주제는 자연 풍경이었다. 양모와 비단 태피스트리에 날개 달린 사슴이 수 놓여 있다. 15세기 중반의 작품으로 날개 달린 사슴은 샤를 5세와 아들 샤를 6세를 상징하는 신성한 동물이었다.

북유럽에서 온 예술

태피스트리는 14세기 말부터 비약적인 발전을 했다. 파리에 가게를 연 상인들이 제조를 알선하고 조정했다. 이들은 고객의 취향을 잘 알고 있었다. 유행하는 테마들을 제안하고 솜씨 좋기로 유명한 직조공들을 찾아냈다. 직조공들은 파리와 아라스에 나뉘어 가족 단위로 일했다. 태피스트리업은 15세기에 부르고뉴, 투르네, 브뤼주와 브뤼셀 공작들의 후원을 받아 발전한 매우 각광 받던 산업이었다.

각광 받는 수집품

태피스트리는 생활 장식품, 종교 장식물로 많은 사랑을 받은 매우 각광 받는 수집품이었다. 성당 성가대 벽에 걸린 태피스트리에는 구약의 일화나 예수와 성인들의 삶이 주로 그려졌다. 영주의 저택에는 『장미 이야기』 같은 귀족 문학에서 볼 수 있는 푸른 초원에 꽃들이 만발하고 새들이 우는 아름다운 풍경이 그려진 태피스트리가 걸렸다. 가구나 생활 장식품에는 가문의 문장을 새겨 넣어 누가 봐도 쉽게 그 가문의 서열을 알아볼 수 있도록 했다.

1410년 경 아라스에서 짜여진 「마음의 선물」은 『장미 이야기』라는 중세 소설에서 소재를 딴 것이다. 심장 모양의 목걸이를 주면서 사랑을 고백하고 있다.

천연 원료의 색실

가장 많이 사용된 실은 양모 실이었다. 호화롭게 만들기 위해 비단실, 금실, 은실 등도 동원되었다. 씨줄과 날줄의 실들은 자연에서 난 천연 원료를 사용해 물을 들였다. 붉은색은 두서니 같은 식물의 뿌리를 짜거나 연지벌레 같은 작은 벌레들을 으깨어서 만들었다. 노란색은 물푸레나무에서 얻었고, 푸른 쪽색은 이국적 나무인 인디고(쪽풀)에서 얻었다. 어두운 색을 위해선 진한 색이 감도는 흙을 사용하기도 했다. 어떤 색들은 먼 나라에서 원료를 구해 값이 비싸게 나가기도 했다.

직조공이 베틀 양쪽에 놓인 두루마리 나무통에 감긴 날실들로 천을 짜고 있다. 직조공은 북으로 이미 골라진 색의 씨실을 두 날실 사이로 내보내 씨실과 날실을 교차시킨다. 이런 식으로 북을 다시 보내 왕복시키며 실들을 엮어 나간다.

천 짜기

직조공은 베틀을 이용하여 실들을 엇갈리며 천을 짠다. 베틀에는 이 작업을 도와주는 페달이 있는데, 이 페달로 두 날실 중 한 날실을 한번에 엇갈리며 들어올려준다. 그런 식으로 북은 아주 빠르게 왔다 갔다 움직이며 날실들 사이로 씨실들을 내보낸다. 이렇게 통과된 씨실을 빗으로 촘촘하게 자리잡게 한다. 날실은 다 짜여 더 이상 보이지 않는다. 직조공은 화가가 그려준 도안을 따라 색과 무늬를 점차 만들어 간다. 서로 색이 다른 부분들은 뒷면에서 바늘로 살짝 땀을 떠 자연스럽게 연결시켜 준다.

북
날실의 틈으로 왔다 갔다 하면서 씨실을 푸는 기구.

대연회

왕과 왕자들은 연회를 좋아했다. 연회에는 음악과 화려한 장식, 그리고 성대한 상차림으로 손님들을 사로잡는 만찬이 빠질 수 없었다.

장 드 베리가 에트렌 가문 사람들을 궁에 불러 연회를 베풀고 있다. 연회장이 화려하게 장식되어 있고 성대한 식탁이 차려져 있다. 베리 공작의 자리는 그 가문의 문장이자 상징인 백조와 백합들을 수놓은 태피스트리가 걸린 모형 아래다.

고기를 잘라주는 시종이 왕의 식탁 시중을 총관리한다.

고기나 치즈용 도마는 나무판이나 작은 사각 접시였다.

연회 준비

중세 카톨릭 시대의 프랑스인들은 달력의 중요한 날짜들(성탄절, 부활절, 오순절 등)이나 결혼식, 세례식 등 가족 행사 덕분에 잔치를 치를 일이 꽤 많았다. 왕과 왕자들은 하객들이 놀라고도 남을 만한 성대한 상을 차리게 했다. 손님 접대실로 쓰인 방은 가장 아름다운 태피스트리들로 장식했다. 구석에 놓인 찬장에는 술과 음료를 낼 때 쓰이는 호리병, 고리 손잡이 물병, 양푼, 잔 등 정교한 세공 그릇들이 가득 쌓여 있었다.

자, 모두 식탁으로!

벽난로 앞에 긴 식탁이 차려져 있다. 식탁에는 하얀 천이 덮여 있고 손님들은 같은 방향으로 죽 앉는다. 이들 가운데 최고 서열 귀족이 먼저 가문의 문장이 그려진 태피스트리가 걸려 있는 모형 아래의 호화로운 의자에 앉는다. 만일 그 사람이 왕이나 왕자 신분이라면 '식탁 배'가 그 앞에 놓인다. 배처럼 생긴 이것은 독으로부터 안전한 개인용 식기 세트다. 이 안에는 칼, 수저와 작은 잔, 아나프 등이 들어 있다. 접시는 없다. 고기는 아주 날카로운 칼로 찍어 두 명이 함께 나눠 쓰는 도마 위에서 자른다.

아나프
중세 때 사용 되었던 굽이 달린 금속제의 큰 잔.

금이 상감된 은 식기류는 1400년대 금은 세공품 가운데 최고로 귀한 것이다.

고기 자르는 칼.

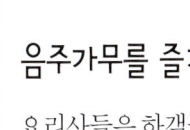

음료 시종관은 찬장 가까이에 자리잡고서 손님들에게 포도주를 아나프에 따라준다.

음주가무를 즐겨라!

요리사들은 하객들을 깜짝 놀라게 해줄 예술 작품 같은 요리들을 준비했다. 가령 닭이나 칠면조의 요리에는 부리와 발에 금가루까지 발라 내놓았다. 접시에는 후추, 생강, 계피, 사프란 같은 동양에서 온 비싼 향료들로 한껏 맛을 돋운 소스들이 딸려 나왔다. 고기를 자르는 시종은 메뉴를 넘겨가며 긴 봉을 들고 다음에 나올 요리들을 명령했다. 손님들은 아무 접시나 다 손댈 수 없었다. 자기 앞에 놓인 접시에 있는 요리만 먹었다.

식사 시중단들은 솜씨 좋게 고기를 옆에서 잘라주고, 술을 담당하는 시종은 주인장한테 포도주를 선택해 주었다. 그리고 포도주에 물을 타서 독이 들어 있는지 없는지를 확인했다. 배우들과 음악가들은 돌아가며 공연을 펼쳤고, 하객들은 즐겁게 연회를 즐겼다.

명성이 자자했던 금세공술

금은세공사들은 다양한 세공 기술을 발전시켰다. 아주 섬세한 연마술과 상감술로 보석품, 잔, 다양한 금은 장신구 등 최고의 생활품과 예술품을 만들어냈다.

왕실 보물고

왕과 왕자들은 보물고에 상당한 수의 보석 세공품을 갖고 있었다. 이 비싼 금은 보석들은 전쟁 시에는 결코 무시할 수 없는 자금의 원천이기도 했다. 이런 부는 외국 사신을 맞는 대연회 때 일부러 보란 듯이 과시되었다. 보석품, 은제, 금제 식기류, 성유물함 및 다양한 종교 의식 소품들은 파리의 이름난 금은세공 장인들에게 주문되었다.

정교한 기술

세공사는 절단 도구로 가는 금속 조각들을 잘라내는 방법으로 금속제의 둥근 홈에 그림을 새겼다. 이런 정교한 조각술로 아주 가늘고 작은 그림을 새기는 게 가능했다. 점점이 찍힌 어떤 도안들은 너무나 여리고 가늘어 금 표면에 빛이 비춰야 겨우 보일까 말까 했다.

금 표면 위에 점점이 새긴 새 그림.

예수가 십자가에 못박힌 장면. 먼저 금판에 얕은 돋을새김을 하고, 그 위에 반투명한 에나멜을 바른다. 빛이 에나멜을 통과하면서 그림이 보임으로써 훨씬 아름답고 감동적인 느낌을 준다. 판의 금이 반짝거리면서 색을 번지게 하는데 특히 붉은색 효과가 뛰어나다. 이 메달은 지름이 7센티미터도 안 된다.

세공사들의 공방은 길가에 있었다. 그래서 고객들은 그들이 작업하는 모습을 볼 수 있었다. 장인들은 정직하게 일해야 했다.

금속 산화물
금속이 공기나 물 속의 산소를 만나 변형되는 성질에 의해 만들어진 원료. 녹은 철의 산화물이다.

부조, 환조
조각 기법으로, 부조는 거의 평면에 가까운 반입체이며, 환조는 거의 입체에 가깝다.

에나멜 유약 바르기

금세공사는 금속 위에 에나멜을 바른다. 에나멜은 일종의 금속 산화물로, 유리 재질의 유약이다. 우선 에나멜을 가루로 빻은 뒤 금속 위에 발라 800도 화덕 안에 넣는다. 에나멜은 녹아 액체가 되면서 반들반들한 얇은 층을 형성하는데, 식으면 금속처럼 단단하게 굳어진다. 에나멜을 입히는 방법으로 두 가지가 유행했다. 첫째, 얇은 돋을새김 반투명 유약법. 색이 다양하고 반짝거림이 많은 작은 그림에 주로 사용되었다. 둘째, 파리 금은세공사들이 특히 전문이었던 환조 처리 유약법. 이것은 금판 부조에도 활용되었다.

이 환조 조각품은 얇은 금판을 둥글게 튀어나오도록 두드리고 밀면서 형태를 뜬 것이다. 그리고 하얀색, 붉은색 에나멜을 입혔다.

형태 뜨기

은이나 금 잔을 만들기 위해 세공사는 작은 모루판에 금속판을 놓고 그 겉을 망치로 두드린다. 그리고 뒤집어 안쪽을 두드린다. 그러면 금속판은 형태가 변하면서 둥글게 된다. 불을 쬐어 금속을 더욱 유연하게 만들기도 했다. 어떤 부분은 작은 거푸집 안에 넣어 녹여서 그 부분들을 이어 붙이기도 했다. 망치와 비슷한 다른 연장들을 가지고 안을 바깥쪽으로 밀어내면서 더욱 입체감 나는 부조품을 만들었다. 이런 식으로 다양한 조각품이나 환조를 만들었다.

진주와 보석

진주 속에 작고 가는 기둥을 박은 것이 많았다. 서너 장의 얇은 판을 겹쳐가며 꽃 모양처럼 만들고 그 한가운데 에메랄드를 박은 것도 있었다. 사파이어와 루비를 제일 귀하게 여겼다. 원추 안에 보석을 박고 네 개의 까치발로 단단히 고정시켰다.

샤를 5세의 왕홀 장식 일부. 성 자크가 샤를마뉴 대제한테 스페인을 구하러 가라고 명령하는 장면이 새겨져 있다. 금판을 안에서 망치 같은 것으로 밀어 두드려서 인물들 윤곽이 드러나게 했다.

왕실 의상

왕실 부부는 패션을 이끌었다. 왕실에는 아롱다롱한 잔무늬들과 잘 재단된 선의 미학을 보여주는 의상들이 많았다. 아니면 지나치게 웅장했다. 왕실은 유행을 따라가는 데도 열성이었다.

쉬르코
엉덩이까지 내려오는 소매 없는 조끼. 겨드랑이 양쪽 부분이 넓고 깊게 파여 있다.

관자머리
두개골 옆머리.

왕비 이자보 드 바비에르가 드레스 위에 작은 브로치들을 연달아 달아 앞을 여민 쉬르코를 걸치고 있다. 머리는 양갈래로 땋아 반으로 접어 관자머리에 붙이고 망사 안에 집어넣었다.

인기 있던 스타일

왕족들은 궁에 모습을 드러내기 전에 다들 각자 자기가 입을 옷을 신경 써서 골랐다. 천은 주로 양모나 아마였다. 간혹 비단이나 벨벳으로 만든 옷도 입었지만, 이런 천은 동방에서 수입해서 너무 비쌌다. 생생한 밝은 색의 줄무늬, 물방울 무늬, 체크 무늬 천이 많았다. 재단법은 점점 더 독창성을 발휘해 갔다.

여성들의 의상

부인네들은 하얀 아마천 블라우스 위에 긴 드레스를 걸쳤다. 이 옷은 소매가 길고 등 뒤에서 끈을 졸라매는 식이었다. 겨울에는 이 위에다 양털실로 짠 **쉬르코**를 걸쳤다. 머리는 양 갈래로 따서 턱 높이 정도로 올라오게 반으로 접거나 귀 위쯤에서 말아 올려 붙였다. 또는 **관자머리**에 땋은 머리를 그러모아 뾰족한 원추 모양을 만들고, 거기다 베일을 씌우기도 했다. 샤를 6세의 아내 이자보 드 바비에르는 이 원추 위에다 가짜 머리를 얹고 거기다 온갖 보석과 진주를 달아 망사로 씌운 스타일을 선보였다.

보석과 장신구

남자들처럼 여자들도 브로치, 반지, 목걸이, 왕관, 머리띠, 무거운 황금 숄이나 허리띠 등을 했다. 작은 보석들을 옷이나 머리띠에 직접 꿰매 붙이는 경우도 있었다. 금으로 만든 옷에는 진주, 루비, 사파이어, 다이아몬드 같은 보석이 촘촘히 박혀 있었다. 에나멜이 살짝 입혀진 보석 왕관들은 방금 따온 싱싱한 꽃들이나 푸른 가지들을 엮어 만든 화관처럼 보이기도 했다. 허리춤에는 자수로 수놓은 주머니를 찼는데, 여기다 작은 장신구며 소품들 가령 금, 상아 등으로 만든 작은 거울 상자나 빗, 글 쓰는 작은 서판 소품들을 넣어 가지고 다녔다.

앙증맞은 금 브로치. 하얀 에나멜이 입혀진 낙타가 푸른 이파리 화환 한가운데 앉아 있다.

두르고 있으면 마치 새처럼 보이기도 했다. 머리도 의상에 걸맞게 아주 거창했다. 보석들이 박힌 양모 모자나 '샤프롱'을 썼다. 샤프롱은 긴 천을 머리에 휘어 감아 어깨까지 흘러내리게 쓰는 일종의 두건으로, 머리에서 어떻게 묶고 내리느냐에 따라 다양한 스타일을 연출할 수 있었다.

이 푸르푸앵은 동방에서 수입된 비단으로 재단되었다. 앞쪽에 32개의 단추가 달려 있어 앞을 여미게 되어 있고, 소맷부리에도 단추가 20개나 달려 있다.

남성들의 의상

남자 영주는 엉덩이 근처까지 내려오고 몸에 꼭 끼는 '푸르푸앵'을 입었다. 그리고 타이즈처럼 딱 달라붙는 바지를 입었다. 타이즈 바지는 양쪽의 색이 다른 경우도 있었다. 그 위에다 목까지 올라오는 긴 망토인 '우플랑드'를 걸쳤다. 우플랑드는 긴 것, 짧은 것이 있고, 허리띠를 맬 수도 있고, 안 맬 수도 있었다. 소매는 아주 길고, 속이 넓고 헐렁하게 파여 있으며, 술 장식을 달기도 했다. 이 치렁치렁한 옷을 온몸에

여자들이 가슴 아래에서 띠를 맨 긴 우플랑드를 입고 있다. 남자들의 우플랑드는 긴 것도 있고 짧은 것도 있는데 길이에 따라 다섯 종류나 되었다.

오락도 과격하게!

전쟁이 끊이지 않았던 이 격동의 시기에 영주들은 곧 전사이기도 했다.
그래서 영주들은 오락도 위험하고 과격한 것을 즐겼다.

기사들끼리 맞붙다

기사들은 우선 무술 경합에서 유명해지고 봐야 했다. 이런 군사적 경기를 통해 무술도 연마하고, 언제든 전쟁에 나갈 준비도 할 수 있었다. 경기는 이삼 일 동안 계속되는 대축제였다. 경기장 바닥은 흙과 모래로 섞여 있어 물을 뿌려 최대한 먼지가 덜 나게 했다. 승리한 기사는 여인들에게 영광을 돌렸다.

기사들은 자기 대표 색깔의 마상용 갑옷을 늠름하게 차려 입었다. 군 전령이 경기 시작을 알리면 기사들은 경기장 안으로 말을 타고 들어왔다. 말 위에서 벌이는 시합은 상대를 위협하여 말에서 떨어뜨린 다음 경기장 바닥에서 검과 도끼를 사용해 결투를 벌이는 방식으로 진행되었다.

경기장
중세 경기장은 목조물을 지어 경기장 바닥과 관중석을 분리시켰다.

푸아의 백작 가스통 페부스는 대단한 사냥 실력을 자랑했다. 『사냥서』에서 그는 야생 동물들의 습성과 사냥법 등을 자세히 설명했다.

15세기의 오락 상자. 이 상자 안에는 암탉 놀이, 여우 놀이, 오목 놀이의 조상이라 할 그림판 돌차기 놀이, 트리트랙, 체스 등 각종 놀이 도구들이 들어 있다.

오락

전략을 발휘해야 하는 오락은 젊은 귀족 자제들이 받는 교육의 일부이기도 했다. 체커, 트리트랙, 그림판 돌차기, 그리고 체스 놀이. 놀이판들은 색을 칠한 나무판이었다. 말은 동물의 뼈나 상아를 깎아 만든 작은 인형상이었다. 부자들은 색깔 있는 돌들이나 석영으로 만든 말들을 쓰기도 했다. 이런 오락은 고상하고 기품 있게 해야지 주사위 놀이처럼 돈이나 요행을 바라고 해서는 안 되었다.

사냥 경기

왕자들이 제일 좋아했던 스포츠는 뱅센 숲이나 콩피에뉴 왕실 숲에서 즐기는 기마 수렵이었다. 밀렵은 당연히 금지되었다. 숲에는 사슴, 여우, 멧돼지, 심지어 늑대도 있었다. 전문 수렵관들이 사냥개 무리들을 이끌고 뿔피리를 불며 신호를 알려 길잡이를 했다. 멧돼지는 특히 위험했다. 갑자기 달리던 방향을 바꿔 역공격을 하기 때문이었다. 멧돼지한테 한번 물리면 죽을 수도 있었다. 용감한 기사라면 자기 말을 보호하면서 단검으로 이 사나운 짐승들을 찔러 죽일 줄도 알아야 했다. 새, 독수리 사냥은 특히 여자들이 좋아했다. 독수리들은 발톱을 숨기고 하늘을 유유히 날다가 먹이를 발견하면 바로 직하하여 비둘기들이나 토끼들을 잡아먹었다.

경기장에 모습을 드러내기 전 기사들은 투구와 갑옷을 폼 나게 갖췄다. 이 투구는 샤를 6세의 것으로 루브르 궁 발굴 때 발견된 것이다.

사랑의 음악

15세기 초까지 시인과 음악가는 기사들의 무훈담이나 전설적인 사랑을 노래했다. 음악가들은 무도회가 열리면 피리나 탕부랭으로 무도회 분위기를 고조시켰다.

신사들과 숙녀들이 둥그렇게 모여 론도를 추고 있다. 1350년 경 기욤 드 마쇼의 필사본에 그려진 미세화의 일부이다.

서정시

샤를 5세 때 기욤 드 마쇼는 악기 반주에 맞춰 시를 노래하는 서정시의 모든 규칙을 정리했다. 그는 시의 구성법에서 절, 시행, 운의 숫자를 어떻게 써야 하는지를 확정했다. 이 규칙에 따라 론도, 발라드, 단시 등으로 장르가 구분되었다.

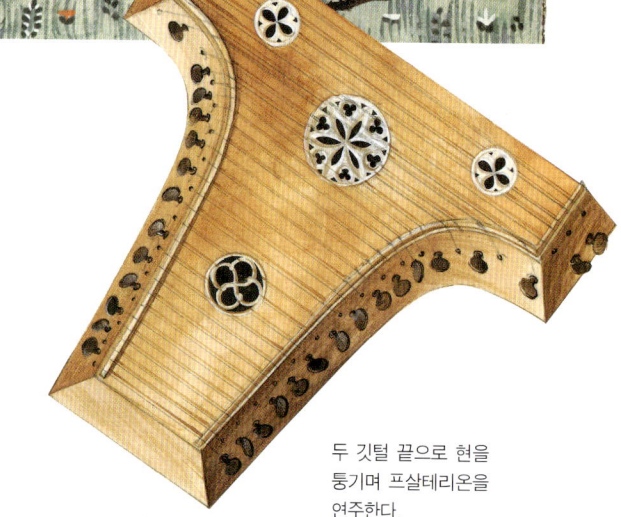

두 깃털 끝으로 현을 퉁기며 프살테리온을 연주한다.

음유 시인
중세 때 마을을 돌아다니며 시를 읊었던 시인.

타악기 탕부랭. 두 채로 팽팽한 북 표면을 두드리며 박자를 맞춘다.

음악은 여러 목소리, 즉 합창이나 악기로 연주할 수 있게 작곡되었다. 이것이 다성악이다.

사랑의 궁전

샤를 6세는 1400년대 '사랑의 궁전'을 조직했다. 음유 시인들은 이 모임을 통해 기사들의 무훈담이나 여인들의 아름다움을 노래했다. 음유 시인들이 즐겨 부른 「장미 이야기」는 사랑과 배신을 하는 주인공들의 이야기다. 사랑을 노래하던 시인들 가운데 외슈타슈 데샹은 동방 지역을 여행했는데, 고국에 돌아와서는 프랑스와 파리의 아름다움을 노래했다. 1380년 게클랭 총사령관이 죽자 이 시인은 그에게 바치는 노래를 작곡하기도 했다. 영웅을 잃은 슬픔과 고국 프랑스의 고통이 그의 발라드에 절절하게 녹아 있다.

왕자이자 예술가

시와 음악은 젊은 귀족 자제들의 교육의 일부였다. 샤를 6세의 조카인 샤를 도를레앙처럼 이 분야에 남다른 재능을 지닌 귀족들도 많았다. 1415년 아쟁쿠르 전투에서 영국인들에게 잡힌 그는 유형지에서 고국에 대한 향수를 아름다운 시로 노래했다. 뿐만 아니라 사랑을 읊기도 했고 자연과 계절의 정취도 아름답게 표현했다. 겨울, 봄을 노래한 그의 론도는 그가 죽은 후 한동안 유행했다.

이동식 오르간. 오른손으로는 건반을 치고 왼손으로는 관 속에 공기를 집어 넣는 풀무기를 작동한다.

궁정 무도회

궁정 무도회는 음악과 춤이 어우러졌다. 음악가들은 피리를 불고 탕부랭을 치면서 론도를 연주했다. 한 사람이 무리에서 떨어져 나와 파랑돌을 이끈다. 다른 동료들이 후렴구를 하는 동안 이 사람은 각 절들을 부른다. 1393년 생 폴 관저 무도회 때 털북숭이 야생 짐승들로 변장을 한 채, 왕이 제일 앞에 서고 다섯 명의 다른 영주들이 서로 사슬처럼 연결되어 사라방드를 춘 적이 있었다. 그런데 한 사람의 몸이 그만 햇불에 닿았다. 순식간에 옷에 불이 붙었고, 나머지 네 명에게도 번졌다. 결국 모두 불에 타 죽었다. 오로지 왕만이 목숨을 건졌다. 베리 공녀가 재치를 발휘해 얼른 그 긴 드레스 옷자락으로 불길을 덮어 불을 끈 것이다. 이 무도회는 '불타는 무도회'라는 이름으로 한동안 사람들 입에 오르내렸다.

파랑돌
프랑스 프로방스 지방에서 시작된 활발한 춤곡.

귀한 책들

책은 그 자체가 하나의 예술이었다. 종교적인 글쓰기뿐만 아니라 사람들의 삶과 자취를 기록했다. 또한 글쓰기는 정치 행위이기도 했다.

이 엄청난 장정의 책은 종교적 내용이 적힌 필사본이다. 상아 부조가 새겨져 있고 금, 은, 보석 등을 상감하여 책 테두리를 장식했다.

왕실 박물관

옛날부터 프랑스 왕들은 도서관에 풍부하고 다양한 자료를 모으는 데 힘썼다. 도서관에는 라틴어로 쓰인 성서, 논문, 성인 열전, 기도서 등 많은 책들이 있었다. '현왕', 즉 학식이 깊고 어진 왕이라는 별명이 붙은 샤를 5세는 도서관이 자신의 공부에, 또 자신을 자문해 주는 신하들의 공부에도 도움이 되어야 한다고 생각했다. 그래서 더 확실한 지식의 보급을 위해 프랑스어로 쓰여진 책들도 주문해야 한다고 생각했다. 또한 천문학, 수학, 자연과학, 지리학, 역사학 등 고대의 위대한 현자들의 글들도 수집했다. 샤를 6세와 그 형제들, 이들의 삼촌들도 현왕 샤를 5세를 본받아 도서관을 채워 나갔다. 높은 서열의 귀족들도, 대부르주아들도 마찬가지였다.

책을 헌사하는 장면. 아이통 형제가 '겁 없는 장'에게 『경이의 서』라는 13~14세기 여행자의 이야기를 담은 아름다운 장정의 책을 바치고 있다.

책 애호가였던 왕자들은 필사가들의 작업에 많은 관심을 가지며 정기적으로 이들을 찾아가곤 했다.

책 만드는 사람들

12세기 말까지는 수도원에서 운영하는 공방 '스크립토리아'에서만 책을 제작했다. 그런데 이제 파리에서, 특히 대학가 한가운데 위치한 생 자크 가의 필사가들 공방에서도 책을 만들기 시작했다. 당시에는 인쇄소가 없었기 때문에 글들은 모두 필사본, 즉 손으로 일일이 쓴 것들이었다. 미세 삽화가들은 책의 각 장의 여백에 아름다운 문양과 장식을 넣었다. 제본가들은 낱장의 책장들을 실로 꿰매거나 풀을 붙여 한 권의 공책처럼 만들었는데, 굉장히 두꺼운 것도 있었다. 이러한 제본술 덕분에 책들을 잘 보호할 수 있었다. 라틴 가 서점들은 대학생들에게 다양한 장르의 책들을 선보였다.

책장의 여백에 그려진 도안들은 대부분 식물과 자연 무늬에서 모티브를 땄다.

역사 편찬

프랑스 왕들은 자신들의 통치 기간 때 일어난 주요 사건들을 기록하여 역사에 자취를 남기고 싶어 했다. 그래서 주요 역사 기록서들이 주문되었다. 샤를 5세는 '프랑스 대연대기' 완간을 서둘렀다. 프랑스 왕국의 역사를 모두 다루는 이 역사서는 13세기부터 편찬되기 시작되어 15세기 중반까지도 계속되었다. 장 프루아사르는 그의 역사서에서 수많은 전투들을 다뤘는데, 특히 백년 전쟁 때 일어났던 일들이 날짜 별로 소상히 기록되어 있다. 이 책은 여러 번 필사되었고, 샤를 7세의 전속 화가였던 장 푸케는 이 책에 아름다운 그림을 그려 역사를 더욱 잘 조명해주었다.

참여 작가들

왕자들이 권력을 다투던 정쟁의 소용돌이 때 작가들은 글로써 자신의 정치적 의견을 내놓는 데 주저하지 않았다. 좋은 정부에 대한 지침서, 도덕적 명상서, 정치적 사상서들이 쏟아져 나왔다. 직업 작가이면서 참여적 실천가였던 여성 크리스틴 드 피상은 직접 필사가 공방을 운영하기도 했다. 자신이 쓴 책들을 샤를 6세에게 바치며 '현왕' 샤를 5세의 업적들을 찬양했다. 또한 여성들의 입장을 옹호하기도 했다.

14세기에 들어와서는 양피지 대신 종이가 더 많이 쓰였다. 양피지는 훨씬 비쌌다. 글씨는 거위 깃털 펜으로 썼다. 수정할 때는 긁기 칼로 긁어 지웠다.

아비뇽의 교황

14세기에 교황들은 로마가 아니라 아비뇽에서 살았고, 도시 아비뇽은 이때 최대의 번영기를 누렸다. 하지만 서구의 대종교 분열로 그 전성기도 끝났다.

최고의 우두머리인 교황

유럽의 왕은 신하들, 백성들과 마찬가지로 카톨릭교도였다. 모두 교황이 이끄는 교회에 소속되어 있었다. 교황이 제정한 법령이 사회 전체를 지배했다. 이 법령을 어길 경우 아무리 왕이라도 파문 당할 수 있었다. 전통적으로 교황은 예수가 제자들의 대표로 지명한 성 베드로 무덤이 있는 로마에 거주해야 했다. 로마 교회는 상당한 재산과 자체 행정 조직을 갖고 있었다. 교회는 신자들한테서 십일조를 받아 상당한 부를 축적했다. 죄를 용서받기 위해서는 모두가 십일조를 교회에 바쳐야 했다.

교황들의 새 도시 아비뇽

14세기 초부터 아비뇽은 교황들의 본부가 되었다. 교황들은 항상 소란스럽고 안전도 확실하지 않은 로마를 버리고 아비뇽으로 갔다. 그곳에서 새로운 카톨릭 도시를 만들었다. 1305년에서 1376년까지 총 7명의 교황이 이곳에서 승계되었다. 아비뇽은 교황청을 환대했고 추기경단은 교황궁을 짓고 수많은 사저를 지었다. 또 하나의 '세계'가 아비뇽에 세워진 것이었다.

> **파문**
> 교회, 즉 카톨릭 공동체에서 그 자격을 박탈당함.

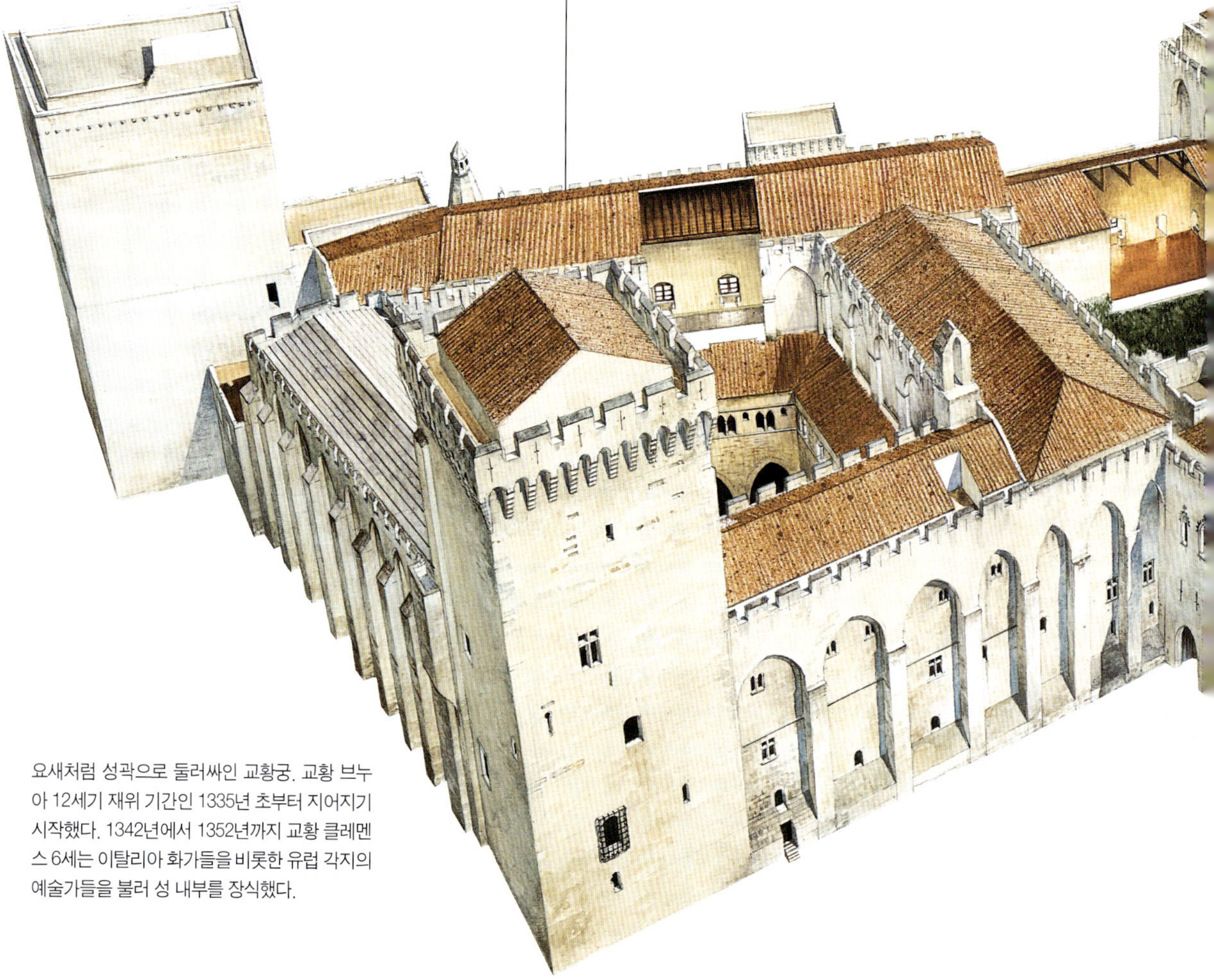

매년 교황은 표창할 만한 인물을 선정한 후 이 금 장미를 수여했다.

요새처럼 성곽으로 둘러싸인 교황궁. 교황 브누아 12세 재위 기간인 1335년 초부터 지어지기 시작했다. 1342년에서 1352년까지 교황 클레멘스 6세는 이탈리아 화가들을 비롯한 유럽 각지의 예술가들을 불러 성 내부를 장식했다.

교황은 삼중관을 쓰고 손에는 성 베드로의 열쇠를 들고 있다. 열쇠를 쥔 교황이 신자들에게 천국으로 가는 문을 열어줄 수도 있고 닫아버릴 수도 있다는 것을 상징한다.

왕 뒤에 삼각형 관을 쓴 주교가 서 있다. 주교는 각 교구에 속한 신자들과 수도사들을 관리하고 이들에게 명령을 집행하는 최고 권력의 성직이었다.

추기경단
교황 선출권이 있는 교회의 고위 관직.

도시의 변모

교황들이 오자 아비뇽은 변했다. 경제와 학문, 예술의 중심지가 되었다. 교황들을 위해 일하려고 유럽 각지에서 예술가들이 몰려왔다. 이탈리아인들이 특히 많았는데, 시엔나에서 온 시모네 마르티니는 노트르담 데 동 성당의 프레스코화를 그렸고, 마테오 조반네티는 여러 화가들과 함께 거대한 교황궁 벽 장식 작업을 했다.

서구의 대분열

1376년 교황 그레고리우스 11세는 로마로 다시 돌아갈 결심을 했다. 그로부터 2년 후 그가 죽자 새로운 교황을 선출해야 했다. 추기경단은 대부분 프랑스인들이었다. 교황청이 아비뇽에 있는 것을 원치 않던 로마인들은 압력을 가해 나폴리 출신의 우르비노 6세를 선출했다. 프랑스 추기경단은 선거는 무효라며 로마를 떠나버렸다. 그리고 아비뇽에 정착하겠다고 하는 클레멘스 7세를 새 교황으로 선출했다. 프랑스 왕은 클레멘스 7세를 지지하고, 영국은 우르비노 6세를 지지했다. 민심은 동요하고 카톨릭 공동체는 분열되었다. 이런 분열은 신을 어기는 죄였다. 1471년 단일 교황 마르틴 5세를 선출함으로써 마침내 갈등은 끝이 났다. 아비뇽의 전성기도 그것으로 끝이었다.

거룩한 신앙심

유행과 오락도 허무하기만 했다. 이런 허무감 속에서 뜨거운 종교적 열정이 생겨났다.
시대는 시련의 연속이었다. 신을 찾았고, 신에 기대어 평온을 찾고자 했다.

아버지 하느님이 죽은 아들 예수를 뒤에서 끌어안고 있다. 상처에서 아직도 피가 흐르고 있다. 동정녀 마리아, 세례 요한, 천사들이 고통스럽게 울고 있다. 형언할 수 없는 예수의 고통 앞에서 '피에타'(연민)를 느끼는 것이다. 이 그림은 장 말루엘이 1400년 무렵 부르고뉴 공작을 위해 그린 것이다.

예수의 수난을 기리며

전쟁과 역병, 굶주림이 끊이지 않던 이 시기에 사람들은 하느님이 그들의 기도를 들어줄 것이라는 희망으로 더욱 종교에 매달렸다. 종교 미술은 예수 그리스도의 '**수난**' 일화에서 영감을 받아 예수의 고통과 고난을 강조한 작품들이 많았다. 이런 일화들은 신앙의 근본정신을 환기시켰다. 예수는 인간의 원죄를 구하기 위해 인간의 몸으로 땅에 내려온 신이며, 죽어서 천국에 가려면 자신의 원죄를 뉘우쳐야 한다는 것이었다.

수난
예수가 십자가에 못박혀 죽기 전까지 치른 고통의 연속을 일컫는 말.

매일 매일이 기도

종교는 일상 생활의 한 부분이었다. 집집마다 한 공간은 기도실로 정해져 있었다. 가난한 사람들은 기도실이 따로 없어 십자가나 성화 옆에 앉아 기도를 올리곤 했다. 부자들은 집 안에 소성당을 들이기까지 했다. 그림, 조각상, 종교적 장면을 모형으로 뜬 세공품 등이 다 기도용 소품들이었다.

영주들이나 왕들은 이동하거나 여행할 때 이런 소품들을 가지고 다녔다. 진짜 열성인 신자들은 하루에도 여러 차례 하느님을 찾고, 매 순간 적절한 기도문을 기도서에서 찾아 읊조렸다. 이 기도서에는 예수와 성자들의 삶이 거룩한 말씀과 함께 아름다운 그림으로 그려 있었다.

성유물

성자가 몸에 지니고 다니던 것들, 쓰던 물건들, 형벌에 사용된 도구 등 성유물함 속에 보관되어 있는 성유물들은 특별히 숭배되었다. 신자들한테는 이 성유물들이 기도할 때 도움이 되었다. 생 루이 왕 시대 이후 파리는 예수 그리스도의 가시 면류관, 십자가 조각 등 가장 많은 성유물들을 소유하게 되었다. 이런 성유물들은 시테 섬에 세워진 생트 샤펠 성당 안에 고이 모셔졌다.

순례를 떠나다

순례자들은 여행을 떠났다. 걸어서 가거나 말을 타고 가기도 했으며, 홀로 가거나 단체로 가기도 했다. 성유물이 남아 있거나 보관되어 있는 곳을 향해 긴 여행을 떠났다. 순례가 의무는 아니었지만 신앙심을 더욱 굳게 해주었다. 순례 여행을 떠나는 동기는 병을 치유하기 위해, 신에게 용서를 구하기 위해, 좋은 일이 생기게 해준 데 감사를 드리기 위해 등등으로 다양했다.

순례자들은 짐이 단출했다. 외투 하나, 배낭 하나, 지팡이나 챙 넓은 큰 모자 하나 정도면 충분했다. 이들은 생 드니, 투르, 베즐레, 콩크, 툴루즈 등 프랑스에도 들렀다. 어떤 사람들은 스페인의 생 자크 드 콩포스텔이나 로마, 예루살렘까지 가기도 했다.

순례자들이 한 수도원 안에 신성하게 보관되어 있는 성모화 앞에 모여 있다.

가운데 경첩이 달려 있어 열었다 닫았다 할 수 있는 2장 접이 서판. 서판은 가지고 다닐 수 있도록 작게 만들기도 했다. 여기에는 예수의 생애 중 핵심적인 네 일화가 새겨져 있다. 네가지 일화는 '수태고지'(가브리엘 천사가 동정녀 마리아에게 와서 하느님의 아들을 갖게 될 것이라고 알리는 장면), '성탄'(예수의 탄생), '태형'(예수가 매맞으며 고문을 당하는 장면), '십자가 처형'(십자가에 매달려 예수가 죽는 장면) 이다.

예술의 변화

1400년 무렵 프랑스는 정치적, 군사적 긴장에도 불구하고 예술을 활짝 꽃피웠다. 예술과 정치는 긴밀한 관계를 맺었다.

예술 애호가인 왕자들

왕과 영주들은 재산의 상당분을 성을 장식하기 위한 예술 작품들을 수집하는 데 썼다. 이들은 유럽 최고의 예술가들을 동원했다. 예술가들 역시 이 현장, 저 현장을 옮겨 다니며 그들의 재능을 알아주고 관대함을 베풀어줄 후원자를 물색했다. 유럽 각국의 왕실 간 교류는 서로에게 많은 영향을 주어 예술 언어의 통일성과 보편성을 부여했다. 프랑스 북부, 플랑드르, 이탈리아 등지에서 온 화가들은 프랑스 예술 전통에 새로운 경향을 스며들게 했다. 이러한 경향을 가리켜 '국제적 고딕 양식'이라 부른다.

수집품의 운명

예술 애호가였던 왕과 영주들은 고대의 작품 및 당대 작품들을 수집하는 데 서로 경쟁적이었다. 새해 첫날이면 가문들끼리 서로 선물을 교환했고 외교용 선물을 준비했다. 예술가들은 많은 작품들을 주문 받았다. 샤를 5세의 동생이자 장 드 베리, 필립 르 아르디의 형인 루이 당주는 3천 6백 점 이상의 고가품을 모은 수집광이었다. 1379년 직접 그의 방대한 작품 목록을 작성했을 정도다. 그런데 불행하게도 전쟁을 치를 일이 허다했으니 예술보다는 국방이 우선이었다. 수집한 고가의 금은세공품을 팔아 군사 원정에 댈 돈을 마련하거나 녹여 다른 무기를 만드는 데 쓰기도 했다. 그래도 이렇게 전쟁을 치러 나폴리 왕국을 얻었으니, 더 부자가 되어 다른 고가품을 또 주문할 수 있었다.

거울 상자 속의 이 판막 세공품은 1379년 작성된 루이 당주의 호화 보물고 목록 안에 들어 있던 것이다. 루이 당주는 이 반투명 얇은 돋을새김 세공품의 섬세한 미를 특히 좋아했다.

파리 북부 우아즈에 있는 피에르퐁 성은 루이 도를레앙의 정치적 야심이 드러난 건축이다. 그는 형 샤를 6세가 발작병을 앓던 동안 권력을 빼앗으려고 안간힘을 썼다.

샤를 5세의 이 입상은 1365년~1380년 루브르 궁 오리엔트 관에 장식되어 있었다. 부인인 잔 드 부르봉 왕비 입상도 옆에 함께 세워져 있었다.

권력을 위한 예술

왕과 왕자들은 예술을 통한 정치적 타산도 잊지 않았다. 건축, 조각, 회화, 태피스트리, 금은세공술 등은 예술적 힘을 발휘해 왕조의 공덕을 찬양했다. 샤를 5세는 궁이나 종교적 건물에 왕비와 함께 있는 자신의 모습을 자주 표현하게 함으로써 예술을 활용한 정치술이 어떤 것인지 확실하게 보여줬다. 루이 도를레앙은 자신의 영지에 요새를 지었다. 파리 북부에 위치한 그의 피에르퐁 성은 숙부이자 라이벌인 부르고뉴 공작 필립 르 아르디의 활동을 감시하고, 플랑드르와의 교역을 방해하기 위해 지은 성이었다. 이런 전략적 이해 관계도 있었지만 자기 서열에 걸맞는 아주 화려하고 성대한 예술적 건물을 짓고 싶은 마음도 있었다.

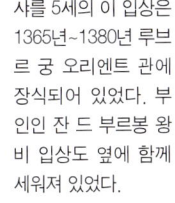

에나멜이 입혀진 이 금은세공품은 파리 세공 예술작 가운데 최고의 작품으로 평가받는다. 이자보 왕비가 1405년 1월 남편 샤를 6세에게 선물한 것이다. 왕은 아기 예수를 안고 있는 동정녀 앞에서 무릎을 꿇고 기도하고 있다. 다른 아이들은 성녀 카트리나와 두명의 요한이다. 한 시동이 아름다운 하얀말의 고삐를 잡고 있다.

왕자들의 후원 경쟁

왕자들간의 후원 경쟁이 예술가들한테는 좋은 일이었다. 상대의 기를 죽이기 위해 각자 자기 왕국을 최고로 아름답게 꾸미려고 온갖 공사를 했기 때문이었다.

베리 공작의 기도서에 그려진 이 삽화는 랭부르 형제가 만든 것으로, 메웅 쉬르 예브르 성을 그린 것이다.

수집광의 보물고

'패물지기'는 보석류, 금은 식기류, 비단 천들과 태피스트리 등등 장 드 베리의 궁에 들어 있는 모든 귀중한 보물들을 분류, 배분해 자세한 목록을 적어두었다. 장 드 베리는 타조, 낙타 같은 희귀 동물도 키웠다. 곰들과 작은 개들이 그가 이동하는 곳마다 따라다녔다. 그러나 수집광 장 드 베리의 최고의 애장품은 책이었다. 최고의 장정에 최고의 화가들을 동원해 책 안에 수려한 미세화들을 그리게 했다. 필요하면 동생인 부르고뉴 공작 필립 르 아르디의 전속 화가들을 빌리기도 했다. 이들 가운데 자크마르 드 에댕과 랭부르 삼형제가 가장 유명했다.

장 드 베리의 예술적 야심

샤를 6세의 삼촌인 장 드 베리는 정치보다는 예술에 더 관심이 많았다. 당대 최고의 건축가들을 불러 여러 공사를 시켰다. 건축가 기, 드루에 드 다마르탱, 조각가 앙드레 보뇌브, 장 드 캉브레 등이 작업 현장을 지휘했다. 푸아투의 뤼지냥 성, 푸아티에 궁에는 왕과 공작, 공작 부인들의 조각상들로 장식된 아주 화려한 벽난로가 있었다. 오베르뉴의 노네트 성과 리옴 궁, 베리의 메웅 쉬르 예브르 성도 화려한 실내 장식을 자랑했다. 왕을 흉내 내 장 드 베리 왕자도 부르주 공작궁을 짓고 부속 소성당인 생트 샤펠을 들였다. 그리고 이 소성당에 자신의 영묘를 마련했다. 내부에는 예언가 조각상들이 기둥에 등을 기댄 모습으로 조각되어 있었다.

성경은 예수의 도래를 예언하는 예언자들 이야기를 하고 있다. 예언자들은 보통 수염이 긴 노인으로 묘사되었다. 앙드레 보뇌브의 이 조각상은 1392년과 1405년 사이에 부르주 소성당을 위해 제작된 것이다.

부르고뉴의 성당 건축

경쟁자 루이 도를레앙처럼 부르고뉴 공작 필립 르 아르디도 예술을 정치적 목적에 활용했다. 그의 영향력으로 부르고뉴 지방은 예술의 진원지가 되었다. 1385년 디종에 샹몰이라는 샤르트르회 대수도원이 지어졌다. 이 아름다운 수도원은 부르고뉴 공작 왕가의 왕묘가 되었다. 프랑스 왕들의 유해를 모시는 생 드니 성당의 명성과 거의 어깨를 나란히 할 정도였다. 이 공사를 위해 공작은 형 샤를 5세를 위해 일했던 예술가 드루에 드 다마르탱, 조각가 장 드 마르빌 등을 그대로 채용했다.

> **샤르트르회 대수도원**
> 성 브루노파 수도원.

샹몰 샤르트르회 대수도원의 삼폭 병풍 제단화는 1393년에서 1399년까지 멜시오르 브루데를람이 그린 것이다. 천사 가브리엘이 마리아에게 와서 하느님의 아들을 잉태하게 될 것이라고 알리는 장면, 마리아가 사촌 엘리자베트를 찾아가는 장면, 아기 예수가 사원에 소개되는 장면, 성 가족인 마리아와 요셉, 예수가 로마 병사를 피해 이집트로 가는 장면 등이 그려져 있다.

디종의 영광의 시간

플랑드르 출신의 화가들은 서둘러 디종으로 향했다. 샹몰 성당 건축 현장은 장 드 마르빌에 이어, 조각가 클라우스 슬루터, 그의 조카인 클라우스 드 웨르베 등이 책임을 맡았다. 샤르트르회 대수도원의 종교화들은 대부분 목판 위에 채색을 했다. 장 드 보메츠가 이끄는 공방은 수도원 방들에 들어갈 26점의 작품을 그렸다. 앙리 벨쇼즈는 성 드니의 일화를 그린 제단화를 그렸고, 장 말루엘은 「둥근 대형 피에타」를 그렸다. 공작은 제단 뒤에 놓을 대형 삼폭 병풍화를 주문했는데, 일단 목판 조각이 완성된 후 이 분야 최고의 화가 멜시오르 브루데를람한테 채색과 도금을 부탁하기 위해 벨기에의 이프르로 보냈다.

> **제단화**
> 교회 제단 뒤 바로 위에 걸리는 그림.

> **삼폭 병풍화**
> 목판에 그린 세 폭짜리 그림. 양쪽 두 판을 가운데 판에 맞추어 접었다 폈다 할 수 있다.

회화, 새롭게 눈을 뜨다

회화는 실제 세계를 표현하기 위한 새로운 경험을 시도했다.
입체성, 공간성, 개방성 같은 새로운 개념들이 생기면서 화가의 시선이 변하게 되었다.

시선과 기술의 변화

14, 15세기 화가들은 인간과 인간이 사는 세계와 접촉되는 모든 것에 호기심을 가졌다. 고딕 예술은 자연에 대단한 관심을 가졌으며, 화가들은 자연을 진실한 이미지로 표현하려고 노력했다. 어떻게 환영적이나마 입체감을 줄 수 있을까? 3차원 안에 존재하는 사물을 2차원 평면에 어떻게 입체적으로 보이도록 표현할 수 있을까? 프랑스 군주들의 전폭적인 후원 덕에 화가들은 나름대로 그 해결책을 제시하기에 이르렀다.

예수의 태형 장면이 입체적 공간감 속에 잘 표현되어 있다. 그리자유 기법을 썼다. 즉 검은색 잉크 한 가지만 써서 그려졌지만, 어떤 부분들은 조금 더 밝아 나름대로 입체감을 준다.

자크마르 드 에댕이 그린 미세화. 십자가를 지고 가는 장면은 이탈리아 화가 시모네 마르티니의 그림에서 영감을 받은 것이다. 십자가가 대각선 방향으로 놓여 있어 입체감이 산다.

1400년대 원근법을 사용한 풍경화 연구는 15세기 회화에 새로운 길을 열어 놓았다. 지평선 가까이에 있는 멀리 있는 건물들은 훨씬 작게 그렸다. 엷게 칠해진 색들은 빛과 대기의 자연스러운 느낌을 살려주었다.

색과 입체감

색은 그림에서 입체감을 표현하는 중요한 요소들 가운데 하나다. 단일한 농도로 칠하지 않고 어떤 부분을 밝게 칠하면 조금 튀어나와 보인다. 반대로 어떤 부분을 어둡게 칠하면 깊이 더 들어가 보인다. 이런 식으로 밝은 형체는 빛 속으로 나오고, 어두운 부분은 그림자 속으로 들어간다.

공간을 어떻게 표현할 것인가

교황이 살던 도시 아비뇽 덕분에 이탈리아 예술이 프랑스에 전파되었다. 프랑스, 네덜란드 화가들은 그리려는 어떤 장면을 실제에 가까운 공간감 속에서 표현하려고 애썼다. 이들은 14세기 초, 인물들을 상자 비슷한 느낌이 나는 건물 안에다 배치하는 방식으로 그려 입체감을 모색했던 조토한테서 영향을 받았다. 수평선과 수직선에 이어 대각선을 첨가함으로써 더욱 공간감을 살리기도 했다. 이렇게 공간감이 표현됨으로써 인물들 사이로 공기가 흐르는 듯한 3차원적 인상을 주었다.

화가들의 공방 모습이다. 한 조수가 물감을 준비하고 있다. 작은 잔, 굴 껍데기 등에 물감을 개어 놓았다. 붓들은 깨끗하게 씻어 가지런히 정돈해 놓았다. 화가는 작업대 화판 앞에 앉아 색을 칠하고 있다.

원근법과 풍경화의 탄생

그림은 도형적 문양이나 번쩍거리는 금빛 배경 처리로만 만족할 수 없었다. 서서히 배경에 언덕들과 그 사이로 난 오솔길들이 등장하기 시작했다. 하늘과 땅을 나누는 지평선도 나타나기 시작했다. 이런 구도와 윤곽선 처리 기법을 통해 점점 작게 그려진 사물들은 진짜 멀리 있는 듯한 느낌을 주었다. 색을 더욱 여리게 칠해 멀리 있는 것들이 더 흐리게 보이는 실제 모습의 효과를 내기도 했다. 마침내 원근법을 사용한 풍경화가 탄생한 것이다.

인간에서 한 개인으로

현실 세계를 그리려는 탐색을 통해 화가들은 일반적, 집합적 인간이 아닌
한 개인으로서의 인간을 표현하는 데도 관심을 갖게 되었다. 초상화 예술이 탄생한 것이다.

자신의 자리를 찾은 인간

중세 시대에는 신이 모든 표현 세계의 중심이었다. 인간은 예수, 동정녀 마리아, 성인들 옆에서 부수적인 자리를 차지하고 있을 뿐이었다. 몇 가지 단순한 동작만으로 인간의 감정을 모두 표현했다. 예를 들어, 손을 마주잡고 머리를 한쪽으로 숙이고 있으면 슬픔이나 상실의 고통을, 하늘을 향해 두 팔을 벌리고 있으면 놀라운 경이감을 표현하는 식이었다. 14세기가 되자 사회는 점차 천상이 아닌 지상의 현실 세계로 관심을 돌리게 되었다. 땅 위에 발을 딛고 사는 인간에게 더 중요한 자리를 내준 것이다. 바로 이러한 의식의 변화가 예술 작품에 잘 드러나 있다.

자화상이란 화가가 자신을 모델로 해서 그린 그림이다. 거울을 들고 얼굴을 비춰가며 자기 모습을 그렸다. 자신의 존재와 재능을 의식한 몇몇 화가들은 서명 대신 자화상을 그리기도 했다.

「모세의 우물」은 샹몰 사르트르회 대수도원 한가운데 있다. 클라우스 슬루터와 조카 클라우스 웨르베가 1395년~1405년에 조각하고 장 말루엘이 채색한 것이다. 예언자들의 얼굴은 지긋한 나이를 그대로 드러낸다. 권위와 지혜, 오랜 경험 등이 잘 표현되어 있다. 시선은 미래를 꿰뚫어 보듯 한군데를 조용히 응시하고 있다.

규칙에 따라 가문 문장에 있는 인물은 그 인물이 누구인지를 바로 알 수 있게 해주는 의상을 입혀 그려야 했다.

감정을 살려

신체적 외양이 더욱 연구되었다. 의상과 액세서리 등 아주 세부적인 것까지 자세히 사실적으로 묘사되었다. 화가들은 인물의 성격과 감정을 표현하려고 애썼다. 옆모습, 즉 얼굴의 4분의 3 정도가 앞쪽을 돌아보거나, 등을 보이게 그려서 인물의 신체에도 움직임을 넣기 시작했다. 얼굴에도 표정이 생기기 시작했다. 예언자들의 조각상을 보면 눈썹을 찡그리고 있고, 주름선도 깊이 파여 있으며 시선은 깊고 강렬하다. 예언자의 카리스마를 비유적으로 표현한 것이었다. 또 음흉한 미소나 교활한 표정을 짓고 있기도 했다.

있는 그대로의 모습으로

로마 황제들은 자기 얼굴이 실제와 비슷하게 조각되기를 원한 반면, 중세 군주들은 실제와는 달리 아주 이상적으로 표현되기를 원했다. 중세 5백 년 동안 화가들은 인물의 실제적 특징을 살리지 않고, 위대하고 아름답게만 표현하려고 했다. 그래서 카페 왕조 왕들의 초상화에는 사실적인 초상화가 거의 없다. 14세기 화가 장 드 브뤼즈는 얼굴이 좀 못 생겼더라도 인물의 특징을 살려 세부적인 것까지 표현해보려고 했다. 진정한 초상화가 탄생한 것이다. 장 르 봉은 위그 카페의 첫 후손으로, 목판 위에 채색된 그의 초상화가 남아 있어 그의 얼굴을 짐작할 수 있다.

장 르 봉의 초상화는 왕관을 쓰고 있지 않은 것으로 보아 아마 그가 1350년 권좌에 오르기 전에 그려졌을 것이다. '프랑스 왕 장'이라는 글씨는 훨씬 후대에 써 넣은 것이다. 고대 동전에 새겨진 얼굴처럼 옆모습을 하고 있다. 그의 후손들도 길고 가는 코가 많은데, 그렇다면 비교적 사실적으로 표현된 편이다.

나를 기억하라

메세나(예술 후원자)인 그림 주문자들은 보통 자신의 힘과 후덕함을 기억시키려고 예술 작품에 자신을 집어넣게 했다. 가장 흔한 표현은 주로 무릎을 꿇고 기도를 올리고 있는 모습이나, 자신이 주문해 지은 건물 모형을 보란 듯이 손에 들고 서 있는 모습이었다. 자신의 이름을 기억시키기 위해 비명이나 문장에 이름을 새기기도 했다. 그러나 장 르 봉의 초상화 이후부터 초상화는 다른 길을 가기 시작했다. 초상화는 독립적인 존재로 초상화의 모델보다 더 오래 살아 남아 후세에 전해지게 되었다.

삶과 죽음

많은 병사들이 전투에서 죽었다. 사람들은 내전의 희생자가 되거나 역병에 걸려 죽었다.
죽음이 매일매일의 삶 속에 있었다.

'죽음의 춤'은 아마 죽음을 가장 잘 표현한 이미지일 것이다. 죽은 자와 산 자가 서로 손을 맞잡고 춤을 추고 있다. 이 그림은 파리의 어느 묘지에서 나온 것으로 1423년에서 1424년 사이의 그림으로 추정된다.

어디에나 죽음이, 누구에게나 죽음이

죽음은 전쟁의 시기에 예술의 주요 주제였다. 화가들은 해골로 죽음을 표현했다. 어떤 화가들은 삶의 줄을 끊는다는 의미로 낫을 그리기도 했다. 또한 살아 있는 자와 죽어 있는 자가 함께 어울려 파랑돌을 추는 모습으로 삶과 죽음이 공존한다는 것을 표현하기도 했다. 모든 사회 계층이 한데 어울려 죽음과 춤을 춘다. 농부도, 영주도, 기사도, 왕도, 주교도. 그 어떤 누구도 음산한 죽음의 춤을 추지 않을 수 없다.

어떤 관을?

사람들은 모두 자신이 죽어서 들어갈 관에 신경을 썼다. 극소수 특권자만이 교회 안에 묻힐 수 있었다. 부자들은 조각 장식을 한 판석 무덤과 묘비를 세웠다. 묘비는 교회의 갓길로 통하는 가족 성당 안에 자리 잡았다. 석관 안에 유해를 모시고, 석관 벽면에 장례 의식 및 통곡하는 사람들을 부조로 새겨 놓았다.

천국이냐 지옥이냐

카톨릭교도들은 사후에 최후의 심판이 있다고 믿었다. 대천사장 미카엘이 선행과 악행을 저울 위에 올려놓고 판단한다는 것이었다. 만일 선행의 저울이 더 무거우면 그들의 영혼은 구원받고, 천사들의 안내를 받아 천국의 문으로 들어간다. 그 문 앞에는 성 베드로가 서 있다. 그 반대라면 악마들이 그들을 지옥으로 데리고 간다. 이 극형의 벌이 두려워 사람들은 죄를 씻고, 원죄를 용서받고자 노력했다.

죽음의 표현

왕들은 조각가들에게 죽어 누워 있는 자세의 횡와상을 주문했다. 눈은 감고 두 손은 기도를 하듯 모아져 있다. 의복은 살아 있을 때의 사회적 신분이 그대로 드러내는 옷을 입혔다. 문장에는 이름과 사실적으로 그려진 얼굴을 집어넣었다. 횡와상은 작업을 쉽게 하기 위해 살아 있을 때 미리 제작되었다. 어떤 횡와상들은 육신에 대한 집착이 헛된 일임을, 육신은 죽어서 결국 가루로 변한다는 것을 떠올리게 하는 것들도 있었다. 석관 위에 사체상을 올려놓기도 했다.

사체상
이미 해골 상태로 변해 버린 몸.

죽음. 마지막 숨을 거두는 순간, 죽어가는 사람은 심판관을 보며 죄를 사해줄 것을 간청한다. 그의 기도는 라틴어로 적혀 있다. 신은 죽어가는 자의 기도에 마음이 동해 희망적인 답을 해준다.

필립 르 아르디는 부르고뉴 공작들 무덤의 수호신 역할을 할 샹몰 수도원을 짓게 했다. 자신의 무덤은 클라우스 슬루터한테 부탁했다. 클라우스 슬루터는 작업을 거의 완성할 즈음인 1406년에 죽었다. 조카 클라우스 드 웨르브가 작업을 이어 받아 완성했다.

발루아 왕조

발루아 왕조가 카페 왕조를 계승한 것은 1328년이었다.
발루아 왕조는 1589년 앙리 3세가 죽을 때까지 프랑스를 통치했다.

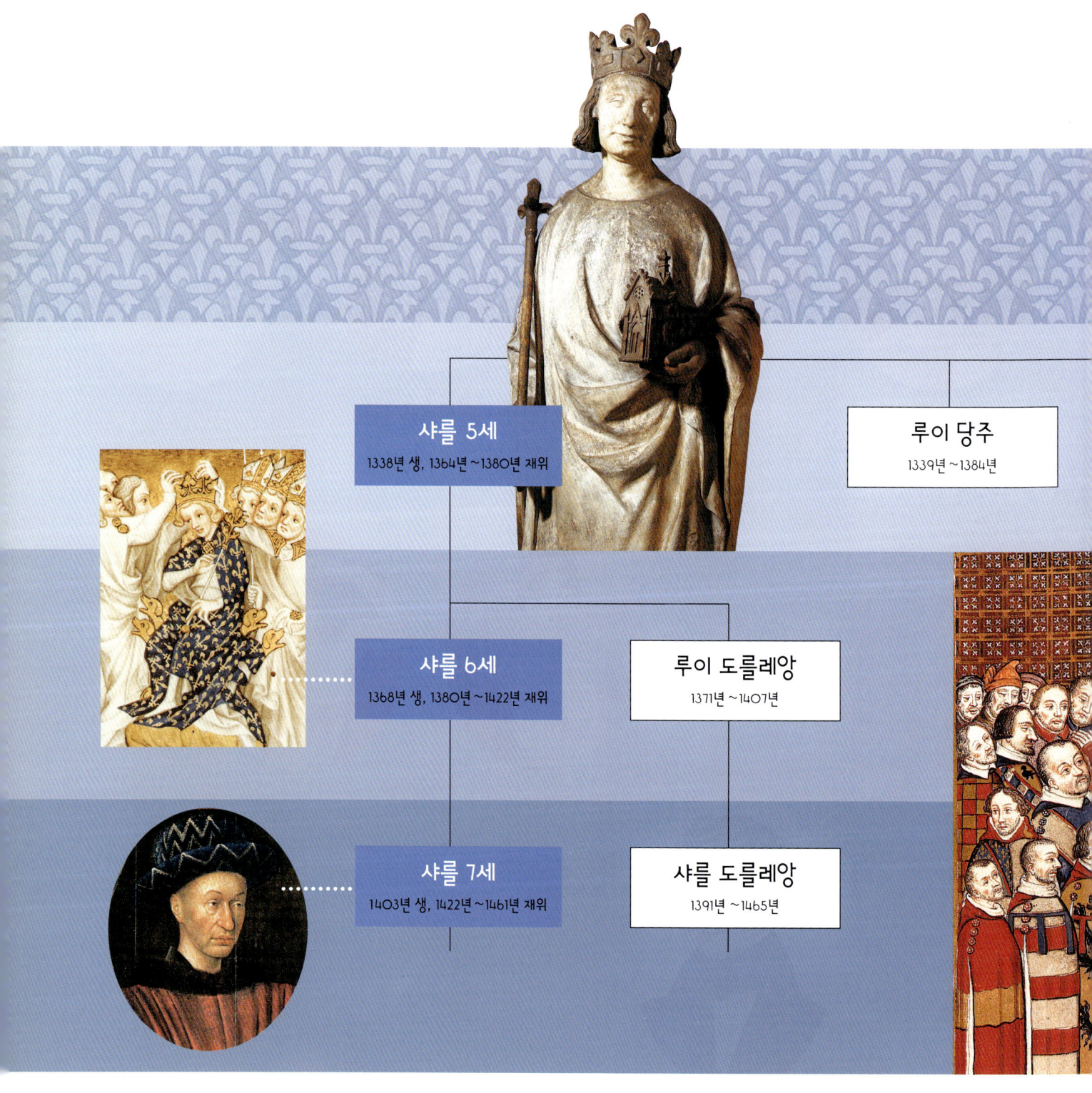

샤를 5세
1338년 생, 1364년~1380년 재위

루이 당주
1339년~1384년

샤를 6세
1368년 생, 1380년~1422년 재위

루이 도를레앙
1371년~1407년

샤를 7세
1403년 생, 1422년~1461년 재위

샤를 도를레앙
1391년~1465년

필립 6세
1293년 생, 1328년~1350년 재위

장 르 봉
1319년 생, 1350년~1364년 재위

장 드 베리 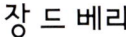 1340년~1416년	**필립 르 아르디**  1342년~1404년

'겁 없는' 장
1371년~1419년

필립 르 봉
1396년~1467년

샤를 5세가 한 가신의 의례를 받고 있다. 샤를 5세 왼쪽으로 두 아들이 보이고, 뒤로는 그의 세 형제들이 앉아 있다. 두 아들 중 미래의 샤를 6세가 될 아이 가슴에 특별한 문장 하나가 달려 있다. 그가 태자라는 사실을 쉽게 알아보게 하기 위해서다.

그림 및 사진 설명

표지 :

「멧돼지 사냥」, 『사냥서』, 가스통 페부스(27쪽 참고). 새 부리 모양의 투구(5쪽 참고). 「랭스의 샤를 6세 대관식」(9쪽 참고), 「자화상을 그리는 마르시아」 부분(42쪽 참고). 『베리 공작의 기도서』 가운데 「10월」 상단부 부분(15쪽 참고).

면지

「숲에서 잠시 쉬는 사냥꾼들」, 『사냥서』, 가스통 페부스, 파리, 1405년~1410년, 파리, BNF(프랑스 국립도서관), (ms,fr,616, fol.67), ©photothèque Hachette(아셰트 출판사 사진자료실).

P. 1 :

「부르고뉴 공작 '겁 없는' 장에게 그의 책 『오리엔트 이야기들의 꽃』을 바치고 있는 장 아이통」 부분(30쪽 참고), 「받침대 위에서 글을 쓰고 있는 남자」 부분(31쪽 참고), 「마음의 선물」 부분(19쪽 참고).

P. 2-3 :

「오방통 성 함락」 부분(4쪽 참고), 「샤를 2세 세례식」 부분(5쪽 참고), 「양모 천을 파는 상인」 부분(13쪽 참고), 「신사들과 숙녀들의 사례」(25쪽 참고), 「부르고뉴 공작 '겁 없는' 장에게 그의 책 『오리엔트 이야기들의 꽃』을 바치고 있는 장 아이통」 일부(30쪽 참고), 기욤 드 마쇼의 「애인은 자신의 여자를 위해 어떻게 노래하나」 부분(28쪽 참고).

P. 4-5 :

「오방통 성 함락」(1340년), 장 프루아사르 『연대기』, 미세화, 브뤼즈, 15세기 후반, 로이셋 리에데트 공방, 파리, BNF, (ms.fr.2643,fol.60), ©photothèque Hachette.

「빈 태자, 샤를 2세(미래의 샤를 6세) 세례식」, 1368년 12월 6일, 샤를 5세의 『프랑스 대연대기』, 미세화, 파리, 1375년~1380년, 파리, BNF, (ms.fr.2813, fol.446 vo)」 ©photothèque Hachette.

게클랭 횡와상, 생 드니 사원, ©CMN / Pascal Lemaitre.

새 부리 모양의 투구, 철, 1370년~1380년, 파리, 군사박물관, (inv.h.21), © 군사박물관.

P. 6-7 :

세속적 군 배지, 납형, 15세기, 파리, 중세국립박물관, 클루니, (Cl.4835), ©RMN(프랑스국립박물관연합) / Gérard Blot.

「잔다르크와 프랑스 군대는 어떻게 파리 성 앞에서 활을 쏘며 공격했나?」, 파리 성 함락(1429년), 마르티알 도베르뉴의 『샤를 7세의 경계』, 미세화, 1484년, 파리, BNF, (ms.fr.5054, fol.66 vo), ©photothèque Hachette.

샤를 7세의 초상화, 장 푸케, 1445년~1450년 무렵, 목판 위에 유화, 가로 0.71미터, 세로 0.86미터, 파리, 루브르박물관, (회화실, inv,9106), ©RMN / H. Lewandowski.

어린이 갑옷, 샤르트르, 보자르미술관, (inv.2895), ©보자르미술관.

손에 드는 대포, 1400년, 파리, 군사박물관, (M.Po.143), ©군사박물관.

P. 8-9 :

샤를 5세 왕홀, 금세공, 1365년~1380년, 금, 진주, 유리, 보석, 높이 0.6미터, 파리, 루브르박물관(예술품 오브제실 ms.83), ©RMN / D.Arnaudet.

「랭스의 샤를 6세 대관식」(1380년 11월 4일), 샤를 5세의 『프랑스 대연대기』, 미세화, 파리, 1381년경, 파리, BNF, (ms.fr.2813, fol.3 vo), ©photothèque Hachette.

프랑스 왕들의 성물 황금 박차, 생 드니 수도원 보물고, 세공품, 금, 청동, 석류석, 비올렛 천, 12세기 말, 14세기, 파리, 루브르박물관, (예술품 오브제실, ms.86), ©RMN / Peter Willi.

「샤를마뉴 대제의 검」, 황금, 강철, 보석, 가로 0.226미터, 세로 0.838미터, 생 드니 수도원 보물고, 파리, 루브르박물관, (예술품 오브제실, ms.84), ©RMN.

P. 10-11 :

「2월」, 『베리 공작의 기도서』, 벨랭지(송아지 가죽) 위에 채색 삽화, 1413년~1416년, 샹티이, 콩데박물관, (ms.65, f02vo), ©RMN.

「들판의 일들과 함께 하는 일년 열두 달 달력, 루스티칸」 부분, 피에트로 드 크레센지, 채색 삽화, 프랑스, 15세기, 샹티이, 콩데박물관, (ms.340,fol.303V), ©RMN / R.G.Ojeda.

삼발 청동솥, 14세기, 캉, 노르망디박물관, (inv.70.2.1), ©노르망디박물관.

P. 12-13 :

「책의 소개와 가르치는 키케로」, 『키케로의 우정』, 루앙, 1450, 파리, BNF, (ms.fr.126, fol.153), ©photothèque Hachette.

「방황하는 기사」, 토마 드 살뤼스, 채색 삽화, 15세기 초, 파리, (ms.fr.12559, fo 167), ©BNF.

「양모 천을 파는 상인」, 『타쿠이눔 사니타티스 인 메디치나』, 밀라노, 1390년~1400년, 알부카시스 위생학 논문 라틴어 번역, 12세기 아랍 의학, 미세화, 파리, BNF, (ms.N.A.L.1673, fol.94), ©photothèque Hachette.

「생 드니 수도원에서의 샤를 6세 장례식」(1422년 11월 11일), 미세화, 장 샤르티에의 『연대기』, 벨기에, 15세기 말, 파리, BNF, (ms.fr.2691, fol.1), ©photothèque Hachette.

P. 14-15 :

「뱅센 성」, 장 클로드 글로뱅 그림, ©에랑스 출판사.

「10월」, 『베리 공작의 기도서』, 벨랭지 위에 채색 삽화, 1413년~1416년, 샹티이, 콩데박물관, (ms.65, fol.10V), ©RMN / R.G.Ojeda.

'겁 없는' 장의 성탑 계단 천장, 파리, ©'겁 없는' 장의 성탑 / C.Renault.

『샤를 6세에 대한 화답들과 탄식들』, 양피지 위의 채색 삽화, 피에르 살몬과 부시코, 1409, 파리, BNF, (ms.fr.23.279, fo 53), ©BNF.

P. 16-17 :

촛대, 청동, 15세기, 프리외레 박물관, 아르플뢰르, (inv.991.1.14,991.1.15), ©노르망디 박물관, 캉.

「창을 휘두르는 기사」. 유약 발라진 바닥판, 부르고뉴, 15세기, 파리, 루브르박물관, (예술품 오브제실, OA.8138), ©RMN.

「토끼」, 유약 점토, 14세기, 「사자」, 유약 점토, 15세기, 파리, 루브르박물관, (예술품 오브제실, OA.9346, OA.12107), ©루브르박물관 / M.Beck, Coppola.

「이자보 드 바비에르에게 책을 바치는 크리스틴 드 피산」, 크리스틴 드 피산, 『부인들의 시테섬』, 채색 삽화, 1410년~1412년, 런던, 영국국립도서관, (ms.Harley 4431.1,fo3), ©영국국립도서관.

함, 호두나무, 프랑스, 15세기, 메주 고대 수집품, 파리, 루브르박물관, (예술품 오브제실, OA 9965), ©루브르박물관 / M.Beck, Coppola.

P. 18-19 :

「날개 날린 사슴들」 태피스트리, 1453년~1461년, 루앙, 지방 고대박물관, ©지방 고대박물관 / Yohann Deslandes.

「요한계시록」 태피스트리, 부분, 1374년~1381년, 가로 4,5미터, 세로 1.03미터, 앙제 성, ©photothèque Hachette / Richard List.

「마음의 선물」, 양모, 비단 태피스트리, 아라스, 1400년~1410년, 가로 2.09미터, 세로 2.47미터, 파리, 루브르박물관, (예술품 오브제실, OA.3131), ©RMN.

P. 20-21 :

「1월」, 『베리 공작의 기도서』, 벨랭지 위의 채색 삽화, 샹티이, 콩데박물관, (ms. 65, fol.1V), ©RMN / R.G.Ojeda.

상아 칼자루 달린 칼, 상아와 철, 가로 0.027미터, 세로 0.225미터, 14세기 말, 파리, 루브르박물관, (예술품 오브제실, OA.1113), ©RMN.

식기류, 도금된 은, 1400년 경, 코에포르 보물고, 만스 성당, (inv.100~0004), ©Julien Guilbault.

P. 22-23 :

성녀 주느비에브 성유물함 뚜껑 부분, 1380년 경, 세공품, 가로 0.056미터, 세로 0.081미터, 파리, 중세 박물관, 클루니, (Cl.23.314), ©RMN / G.Blot.

「십자가형」, 반투명 얇은 돋을새김, 금, 프랑스, 15세기 초, 파리, 루브르박물관, (예술품 오브제실, MR.2606), ©RMN / Daniel Arnaudet.

동정녀 부분, 다스 골데네 뢰슬(37쪽 참고), 샤를 5세 왕홀 부분(8쪽 참고).

P. 24-25 :

이자보 드 바비에르, 푸아티에 재판정 궁, 대연회실 벽난로 조각상, 1393년~1415년 무렵 제작, ©프랑스기념물박물관 / A.Maulny.

「1월」, 『베리 공작의 기도서』(20쪽 참고).

낙타 브로치, 파리, 1400년 경, 금, 에나멜, 진주, 보석들, 지름 0.05미터, 피렌체, 바르젤로국립미술관, (inv.1013C) ©Ministero dei Beni le le attivita culturalli.

샤를 드 블루아의 「푸르푸앵」, 비단, 얇은 금실 처리, 길이 0.87미터, 14세기, 리용, 직물 박물관, (inv.30307), ©직물 박물관 / S.Guillermond.

『신사들과 숙녀들의 사례』, 보카치오, 채색 삽화, 1465, 프랑스, 샹티이, 콩데박물관, (ms.860 / 401), ©photothèque Hachette / Josse.

P. 26-27 :

「멧돼지 사냥」, 『사냥서』, 가스통 페뷔스, 미세화, 1405년~1410년, 파리, BNF, (ms.fr.616, fol.108), ©photothèque Hachette.

열어 놓은 놀이 상자와 두 개의 말이 있는 체스판, 나무와 상아, 프랑스, 15세기 말, 파리, 중세박물관, 클루니, (Cl.3434), ©RMN / H. Lewandowski.

샤를 6세의 투구, 파리, 루브르박물관, (예술품 오브제실, OA.12014), ©RMN.

P. 28-29 :

「애인은 자신의 여자를 위해 어떻게 노래하나?」, 기욤 드 마쇼 『행운의 치료제』, 파리, 미세화, 1350년~1355년, 파리, BNF, (ms.fr.1586, fol.51) ©photothèque Hachette.

「가수들과 연주가들」, 『사물들의 본성에 관한 책』, 바르텔레미 드 글란빌, 15세기 중반, 파리, BNF, ©BNF.

P. 30-31 :

아레오파기타의 유사(Pseudo) 성 디오니시오의 『저작』 필사본, 1403년~1405년, 제본 장정, 1360년 무렵, 상아, 도금 은과 보석들, 파리, 루브르박물관, (예술품 오브제실, MR 416), ©RMN / J.- G.Berizzi.

「부르고뉴 공작 '겁 없는' 장에게 그의 책 『오리엔트 이야기들의 꽃』을 바치고 있는 장 아이통」, 『경이의 서』에서 발췌, 미세화, 파리, 1410년~1412년 무렵, 파리, BNF, (ms.fr.2810, fol.226), ©photothèque Hachette.

「그의 필사가에게 『마레 히스토리아룸』의 복사본을 부탁하고 있는 기욤 주베넬」, 『마레 히스토리아룸』, 보에티우스, 양피지 위의 채색 삽화, 파리, (lat.4915, f0 1), ©BNF.

「받침대 위에서 글을 쓰고 있는 남자」, 프랑스, 15세기 말, 파리, BNF, (ms. N.A.L.3024, fol.4 v0), ©photothèque Hachette.

P. 32-33 :

금장미, 시엔나의 미눈치오 자코비 전체, 세공품, 금, 에나멜, 채색 유리, 아비뇽, 1330년, 발대성당 보물고, 파리, 중세 박물관, 클루니, (Cl.2351), ©RMN / Franck Raux.

「기욤 뒤랑 교황 예전서」, 1390년 이전, 파리, 생트주느비에브도서관, (ms.143, f.1), ©생트주느비에브도서관.

「트루아에 도착한 요한 8세」, 『프랑스 대연대기』, 미세화, 푸아티에, 1471년, 파리, BNF, (ms.fr.2609, fol.133), ©photothèque Hachette.

P. 34-35 :

『둥근 대형 피에타』, 장 말루엘, 1410년 경, 목판 위에 채색, 지름 0.645미터, 파리, 루브르박물관, (회화실, M.I.692), ©RMN / JG Berizzi.

「동정녀를 경배하러 온 순례자들」, 부시코 장인과 그의 공방, 『경이의 서』, 1411년~1412년 무렵, 파리, BNF, (ms.fr.2810, fol.171v), ©BNF.

『수태고지』, 『탄생』, 『태형』, 『십자가형』, 접이식 병풍 제단화, 상아, 14세기 말, 파리, 루브르박물관, (예술품 오브제실, OA 104), ©RMN.

P. 36-37 :

루이 당주의 거울 상자 판막 세공품, 파리, 1379년 이전, 금판 위에 얇은 돋을새김, 지름 0.65미터, 0.68미터, 파리, 루브르박물관, (예술품 오브제실, M.R.2608, M.R.2609), ©RMN / Arnaudet.

피에르퐁 성, ©CMN / Philippe Berth.

「프랑스의 왕 샤를 5세」, 1365년~1380년 제작된 석고 조각상, 루브르박물관, 파리, ©photothèque Hachette / Abeille.

이자보 드 바비에르가 남편 샤를 6세에게 준 금은세공품, 금 환조, 에나멜, 알틱팅 보물고, 바비에르, 높이 0.62미터, 가로 0.45미터, 두께 0.27미터, 파리, 1404년, ©Alttting, die heilige kapelle, Photo Bayerisches Nationel museum.

P. 38-39 :

「예언자 석고상」, 부르즈, (inv.883.30.2), ©베리박물관.

「예수의 유혹」, 『베리 공작의 기도서』, 채색 삽화, 1414년, 샹티이, 콩데박물관, (ms.65, fol.161v), ©RMN / R.G.Ojeda.

『십자가형』 제단화, 샹몰 사르트르회 수도원 삼폭 병풍 제단화, 멜시오르 브루데를람, 1393년~1399년, 목판 위에 채색, 보자르박물관, (inv.CA1420A), 디종, ©보자르박물관 / Franois Jay.

P. 40-41 :

「십자가를 진 예수상」, 자크마르 드 에댕(1384년~1409년으로 알려짐), 천 위에 벨랭지(송아지 가죽) 붙여 채색, 가로 0.285미터, 세로 0.379미터, 파리, 루브르박물관, (회화실, RF 2835), © RMN.

「태형」, 『나르본의 제단장식』 왼쪽 부분, 프랑스 회화파, 14세기 후반, 회색 수묵화법, 금실, 은실로 짠 비단, 루브르박물관, 파리, (회화실, Ml1121), ©RMN / Michle Bellot.

「오드나르드에 잡힌 올리비에 도트리브의 복수」(1380년) 중 일부, 장 프루아사르의 『연대기』, 15세기 후반, 로이세 리에데 공방, 파리, 프랑스국립도서관, (ms.fr.2644, fol.85) ©photothèque Hachette.

「작업 중인 타마르」, 『신사들과 숙녀들의 사례』, 보카치오, 채색 삽화, 1403년, 파리, 프랑스국립도서관, (ms.fr. 12.420. fo. 86) ©프랑스국립도서관.

P. 42-43 :

「자화상을 그리는 마르시아」, 『귀족 부인들』, 보카치오, 미세화, 1403, 파리, BNF, (ms.fr.12420, fol.101 v0), ©photothèque Hachette.

『모세의 샘』, 조각, 클라우스 슬루터, 디종, 보자르박물관, ©보자르박물관.

『장 르 봉 초상화』, 1350년 전, 파리, 루브르박물관, (회화실, R.F.2490), ©RMN / J.G.Berizzi.

루이 2세의 경배를 받는 프랑스 왕 샤를 5세 부분(47쪽 참고).

P. 44-45 :

「신에게 희망을 거는 죽어가는 자」, 『로앙의 기도서』, 채색 삽화, 1415년~1420년, 파리, BNF, (ms.latin 9491, f0159), ©BNF.

필립 르 아르디의 무덤, 클라우스 슬루터, 클라우스 드 웨르베, 마르빌, 대리석, (inv.CA 1416), 디종, ©보자르박물관.

P. 46-47 :

「샤를마뉴 대제의 검」(9쪽 참고), 샤를 5세 조각상(37쪽 참고), 샤를 7세의 초상화 부분(7쪽 참고), 「랭스의 샤를 6세 대관식」(9쪽 참고).

「장 르 봉 즉위식」(1350년 9월 25일), 『프랑스 대연대기』, 미세화, 14세기 초, 장인 포벨의 채색 삽화, 파리, BNF, (ms.fr.2615, fol.334) ©photothèque Hachette.

『1363년의 부르고뉴 공작 필립 르 아르디』, 프랑스 회화파, 14세기 말, 목판 위에 유화, 가로 0.290미터, 세로 0.420미터, 베르사유 성, 트리아농, ©RMN / G.Blot.

『클레르몽 앙 보베지 공작을 위해 부르봉 공작 루이 2세의 경배를 받는 프랑스 왕 샤를 5세』, 1376년 경, 17세기 복사본, 로제 드 게니에르를 위한 루이 부당의 구아슈(고무수채화), 파리, BNF, (OA12, fol.8), ©photothèque Hachette.

『부르고뉴 공작 '겁 없는 장'의 초상화』, 프랑스 회화파, ©photothèque Hachette.